天下文化
BELIEVE IN READING

周震宇的聲音魅力學

聲音魅力學

聽懂弦外之音、用對聲音裡的 *9* 種力量

周震宇 著

推薦序 1

沒有不好的聲音，只有錯用的聲音！

熱浪新媒體（Up 直播）創辦人　葉冠義

早在 2002 年，我跟周老師就已經開啟了「聲音」上的合作。

當時我公司的業務，是提供兩岸三地的電信公司各種行動語音加值服務。這些語音加值服務，不管內容是知性、感性或娛樂性的，都需要適合的聲音來錄製，我知道周老師培訓了許多優秀的聲優，便找他幫忙。那段時間，我們合作得非常順利且愉快。

2014 年，產業經驗讓我意識到網路內容市場的趨勢開始轉向直播，我決定在中國、美國都還沒有發展直播產業時，就先在台灣開始做，並在 2016 年推出 Uplive 直播平台。如今，Uplive 的用戶已經超過 1 億，主播也超過 10 萬人，在台灣、中東等地擁有超過 7 成的市占率。

兄弟登山，各自努力。在我忙著發展直播事業的這段時間，周老師也沒有閒著。除了本來就持續進行的線下聲音培訓課程之外，他還寫書、錄製音頻課程、推出線上課程……，能

為本書盡一份推薦之力，我倍感榮幸。

現在的經濟是「泛經濟」，各領域的專家達人都可以透過直播來發展個人事業。就我的觀察，會看直播的人分為 3 類，第一類是需要陪伴的人，第二類是想要吸收新知的人，第三類是會在網路上購物的人。因此，直播節目的主播，首先要思考自己的定位和目標受眾，才能確立直播節目的內容和風格。

當節目風格定下來之後，直播空間的選擇與布置、妝容與服裝的搭配、與觀眾的互動方式等，都需要用心設計。而在競爭激烈的直播市場，若要更上一層樓，聲音的表現，是絕對不能忽略的決勝點。

周老師在本書詳細的說明了聲音 9 大原型，這對所有想要在網路上透過影片、直播展現自己的人，無疑非常受用。他對各原型聲音的描寫極其細膩，在聽過書中部分內容所演繹的示範音檔之後，我深深感覺到：「天底下沒有不好的聲音，只有錯用的聲音！」

每個人的聲音只要用對地方，都是好聲音。如果你想搭上直播的風潮，不管是陪伴聊天、知識分享，或是販售商品，這本書都會是很經典的聲音教戰手冊。

推薦序 2

修習人聲功課，步上英雄旅程

阿榮影業公司執行副總經理　楊中天

人家說：「人生如戲」，我是「天天在做戲」。

身處在台灣最大片場阿榮影業，並且管理劇本開發、影視製作的貴金影業，我的工作，就是發展與製作相關的電影、電視。並且，我也曾經上過周震宇老師的聲音課程（聲音表達基礎班）。

一般故事裡面的主角，大多會有一個人生歷程，其中，因應不同的人生階段，會有學習成長、遭遇挫折、面對自己、再度出發、浴火重生、成為王者。

曾經我的團隊，針對劇本內容，做過深度分析，分析架構非常類似這本書裡提到的 9 種原型角色，我們分析主角的個性在劇中人生歷程的轉折與變化。我們根據國際 9 型人格協會（IEA）所提出，把人類劃分為 9 種相互關聯的人格類型學：遵守原則者、成就他人者、追求成功者、憑感覺者、理性分析者、尋求安全者、創造可能者、保護者、維持舒適者。

這裡舉一個實例，電視劇「麻醉風暴」男主角蕭政勳（黃

健瑋飾），在 6 集的影集裡，分成 3 個階段的變化。

　　剛開始，在第 1 集到第 2 集中，男主角是一位有理想的「遵守原則者」個性；第一次的改變點，是在第 2 集的最後，男主角得知藥商出貨的藥品有問題，但為了保持自己目前的職位，決定不鬧大，因此在第 3 集故事中，個性轉變為「維持舒適者」。

　　再一次的轉變，是男主角發現藥品被換標籤，藥會影響到大多數人長遠的健康，於是決定衝撞體制，遂而找院長對質，因此在第 4 集到第 6 集的個性再變為「理性分析者」。

　　這是主角的歷程，也是所謂的英雄的旅程。

　　角色的呈現是包括了：肢體語言、表情、聲音，這本書，充分地教導我們戲劇上要呈現出來的重要「聲音」要素。故事主角歷程就像是真實的人生，也就是「人生如戲」，我們都是凡夫俗子，也都有可能成為英雄或是王者。

　　在我們的英雄旅程中，會面對到不同角色性格的人，需要學習跟不同的人相處，面對自己、與他人相處，以適合的聲音來表達，這是周震宇老師這本書最可貴的地方。

自序
成為人聲力量蒐集者，也成為創造者

在某些時刻，我會深深著迷於人聲，並且從中得到力量。

26 年前，教我配音的王蕙君老師對著懵懂的我說：「震宇，你以為我教你的是配音嗎？我教你的是做人做事的道理。」她充滿權威又循循善誘的聲音，在我進入配音圈之後，愈發如雷貫耳，影響了我的整個職業生涯。

2007 年，我和太太在法院公證結婚，當法官詢問新人是否願意結為夫妻時，我太太那一聲「我願意」，是那麼從容、冷靜、篤定，我聽到了她對我們婚姻的信心。

2014 年，我在恩師楊田林老師的指引下，參加了陳怡安博士的「生命對話與敏感度訓練」，輪到我分享生命故事時，我侃侃而談，他老人家聽完之後給我的點評是：「震宇，你剛剛做了很棒的 lecture（講課）。」當下我沒有聽懂，尚且沾沾自喜。結訓回到家，我反覆聽著老師的回饋錄音檔，赫然發現我錯了！這是一門學習對話的課程，我竟然自動進入「講課」模式，而不是在與人「對話」！老師的聲音不帶責備、沒有貶低，而是充滿智慧地如實反饋，四兩撥千金的打開了我對人的

敏感度。

回想起來，大學時代好哥兒們模仿郭富城講話的聲音，笑鬧著陪我走過青澀歲月；孩子第一次開口叫我「把拔」的聲音，純粹、美好得找不到字詞可以形容；我母親抱著我女兒、兒子說話的聲音，溫馨到整個空間彷彿都冒出愛心；父親在我婚禮上致詞喜悅又驕傲的聲音，以及學員在下課後特別來向我道謝的真誠聲音……，這些給過我力量的人聲，我都收藏在記憶中，它們總是能夠喚醒那些我經歷過、連結了歡愉與感動的時刻。

人聲的存在，就是為了要與他人互動、交流，促進彼此的理解、提升存活的機率。在溫飽不成問題的現代社會，用適當的感情、適當的聲音說話，更是我們與人建立關係，取得精神資源、情感資源的重要方式。威斯康辛大學的生物人類學家來絲莉・塞爾策（Leslie Seltzer）曾經做過一個母親聲音對女兒生理影響的實驗，她發現：「在人際關係中，聲音對荷爾蒙的調節，具有與身體接觸同樣強大的力量。」人聲可以隔空影響另一個人，豈可小覷？

法國耳鼻喉科醫師，同時也是語音矯正師尚・亞畢伯（Jean Abitbol）在其著作《好聲音的科學》裡提到：「人聲是一種需要和他人配合的樂器。我們說話或唱歌，都是為了某個人，讓他聽見，為了一群觀眾，讓他們聽見。」人聲的力量，

就在於能夠調動他人內心的潛力、感情、動機。

一位稱職的老師或教練，會善用自己的聲音激發學生的學習動機與潛力；一位優秀的演員，會知道如何透過自己的聲音引動觀眾感情；一位銷售高手，會在介紹產品時，巧妙地用聲音點燃潛在客戶的購買動機；一位敏感度高的醫師，會讓聲音成為醫治的一部分，使患者感到安心；一位有實力的領導人，絕對不會忽略自己聲音裡所傳達的非語言訊息，因為大家都豎起耳朵在聽他。

配音工作的經驗告訴我，人聲離開了「角色」便不會有力量。希臘哲學家 Galen 的名言：「聲音是靈魂的反射鏡」，是我授課時最常引用的金句，聲音就像靈魂一樣，看不見、摸不著，需要有個實體可以附著，當我們開口說話，聲音可以附著在我們所扮演的角色上面，加持這個角色的「說話內容」，當角色、語意（也就是說話內容）和語氣（也就是聲音）三者同步時，影響力便水到渠成。

因此，當我跨入教學領域，便把「聲音 9 大原型」編進教材裡面，帶領學員從這 9 個原型中體驗玩聲音的快樂、琢磨不同原型的聲音魅力。

天真者、凡夫俗子、英雄、梟雄、智者、丑角、情人、照顧者、王者這 9 大原型各有不同聲音特質，這些聲音特質不只出現在戲劇的角色當中，更存在於現實生活中。我將這 9 種原

型聲音特質，視為9種不同的聲音力量，我們可以透過學習，打開自己的聲音彈性、擴大自己聲音的力量。儘管每個人都有自己的主要原型，卻不妨礙我們學習其他原型——既學習性格裡的正向特質，也學習聲音裡那份獨特的力量，讓自己朝著平衡各原型特質的境界修練，成為圓融的存在。

蔣勳老師在《美的覺醒》有個優雅的提問：「也許我們可以重新思考聲音在我們生命裡所扮演的角色。到最後，聲音會不會是一個聽覺走向心靈的過程？」作為聲音表達教育工作者，我的回答是肯定的。萬法歸宗，所有的外在修練，都是在呼應自己心智進化的需求，因為「美好的聲音，竟然是我們自己心裡面的渴望」。

我熱切期盼有緣相遇的每位讀者、學員、朋友，都能透過「聲音9大原型」的學習，打開自己的聽覺敏感度，成為人聲力量的蒐集者，讓自己腦袋裡的「人聲資料庫」庫藏豐富，並且找到、聽到、正視自己的人聲力量，在每一次開口說話時，有意識的發揮自己聲音裡的力量，創造利己利人的價值，成為人聲力量的創造者。

Contents

天真者　　凡夫俗子　　英雄　　梟雄　　智者

Chapter 7
豐富你的聲音能量 ························· 295

Chapter 8
用魅力人聲創造精采人生 ··············· 337

丑角　　　　　　情人　　　　　照顧者　　　　王者

前言
知人知面不知心，聽懂別人弦外之音

　　了解人是一輩子的功課。有人從生肖、星座、血型的角度去了解一個人，你知道也可以從聲音的角度去認識他嗎？從這人說話聲音的大小、速度的快慢、力量的強弱，就能略知這個人的基本性格，如果聽得更仔細，你還會發現這個人聲音質感的剛柔軟硬、聲音動態的輕重緩急、聲音情緒的喜怒哀樂，從這些元素裡理解他的行事風格。

　　如果能提升你對聲音的敏感度，將更能深入了解這個人的思考模式與價值觀，聽懂一個人，就能幫助你做出關於這個人的判斷與選擇，可以應用在各種人際關係上。

職場：巧妙趨吉避凶

　　比方說，你去應聘工作，在 3 位老闆給你的薪資、職務條件都相同的情況下，你願意跟著哪一位老闆呢？我們來聽聽看，以下這 3 位老闆在公眾演說時的聲音。如果可以的話，請你閉上眼睛專注的聽（請掃瞄 QR Code，聽完整錄音檔）。

　　第一位老闆的聲音，他的基本的調性是平靜。說話的節奏平穩，語氣平順，聲線不張揚不外顯，情緒平淡，性格內斂、格物致知、實事求是、照章行事，謀定而後動、不容易因為人的作為而有情緒的波動。

　　如果你選擇的是第一位老闆，他就是騰訊總裁馬化騰。與這樣的老闆溝通需要有憑有據、提出企畫也需要研究與分析來佐證，不可以無中生有、天馬行空，尤其是不要套交情。

　　接著我們聽第二位老闆的聲音，這位老闆的聲音，他的基本調性是堅定。字字鏗鏘有力、語速穩定向前推進，句子中幾乎沒有斷句，一口氣說完一件事後，才從容地停頓換氣。他的語態像被弓射出去的箭，每一句話都朝向未來的目標射去。這樣的聲音透露出的性格不躁進也不滿足於現狀，標準的將軍趕路，不追小兔，一旦鎖定了目標，使命必達。

　　如果你選擇的是第二位老闆，當然，他就是我們熟悉的馬雲，話語中有明白的價值觀作為底蘊，言語中有強烈的信念，與這樣的老闆溝通本身要充分地了解老闆目標背後的意義，並且進一步的認同與實踐，只是聽話照做是不會得到老闆的賞識的。

　　接著，來聽第三位老闆的聲音，第三位老闆的聲音，基本的調性剛烈，內在的氣飽滿、張口說話氣勢澎湃、出字就見尾、沒有使用共鳴腔、說話扁而沙啞沒有圓潤感，斷句方式也

不依照一般邏輯，形成獨特的節奏感。氣勢強、沙啞、獨樹一格的節奏感形成強烈的梟雄風格。

如果你選擇具有強烈個人風格的 3 號老闆，他的扁音表示急於看到成效，沙啞則透露出過去的大起大落。獨特的節奏感、斷句之中有氣聲連結，這樣的方式稱為「音斷氣連」。讓人覺得好像能商量，但事實上是沒有任何插話的空間，跟這樣的老闆相處只有一件最重要的能力，就是強化你的執行力，把老闆的意志貫徹到底。

伴君如伴虎，學會分析老闆的聲音，你會知道如何應對進退、趨吉避凶。

情場：挑對另一半

職場的聽聲辨人，影響了你的職業生涯，而在情場上的選擇，更需要學會聽聲辨人。挑選男女朋友的時候，如果打開你的聽覺敏感度，你將會感受到更多。我們先來聽聽看男生吧。如果可以還是請你閉上眼睛專注的聽。

你有沒有突然覺得，這 3 位男生第一位可以當情人，第二位可以當老公，而第三位就是妳的好哥兒們呢？

接著，我們再來聽聽看女生的聲音。同樣也請你專注的聆聽感受。在這 3 位女生的聲音當中，你是不是有聽到第一位女生的浪漫、第二位女生的溫暖，以及第三位女生聲音中的知性

和獨立呢？

聽一個人說話，有意識的把它的內容跟他的語氣分開來聽，就會發現更多的趣味。當他說我很開心，語氣卻是低沉沒有起伏的，你仍然覺得他開心嗎？當他說沒問題，但是他的語氣是不肯定的、輕飄飄的，你還會放心把責任交給他嗎？我從事配音、聲音教學工作 20 多年了，我發現懂說之前先懂聽，會更懂得溝通的重點、溝通也會更有效率。

剛才我們一直提到的語氣，就是「非語言訊息」，同一句話，用不同的強調方式，代表的意義也就不同了。

打個比方，當一個人狠狠地用重音強調說：「算了，我不管了」，和一個人淡淡地用高音強調說：「算了，我不管了」，雖然兩個說的都是同一個訊息內容（同一句台詞），但是他們所傳遞出來的非語言訊息是不同的，我們可以從非語言訊息裡判斷出第一個人比較在意，所以他嘴上雖然說「算了，我不管了」，但是你真的有困難去求他，他回頭幫忙的機率還是要比第二個人來得大。

人際關係：交到可信之友

我喜歡從說話聲音、說話方式觀察一個人，是因為聲音很直接，不需要跟他要生辰八字，只要有意識的在面對面說話的時候，多一些覺察就能發現。聲音裡頭有一部分是原本的他天

生的，跟聲帶、口咽腔構造有關的，影響了一個人的音質，而聲音的第二個部分是他的意念造就他的性格，做事快、狠、準的人，語速通常不會太慢；腦袋裡有謀略的人，聲音通常也展現出謀定而後動的冷靜感。

因此，光是從一個人聲音的快、慢、冷、熱、強、弱、明、暗、內、外、剛、柔，就可以聽出很多關於這個人的線索，再配合上這個人說話的內容、慣用的語氣，讓我們在初見面的交談中，就能大概判斷他是怎麼樣的一個人，知道他是怎樣的一個人，很快地就可以決定我跟他要建立的關係層次，究竟是要跟他保持在泛泛之交，還是要加碼相處時間，發展成摯友或事業夥伴。

要知道，建立關係是有成本的，你投入的時間、金錢、資源、感情都是成本，而這些成本的背後有一個很重要的核心價值就是「信任」，誤信了人，慘賠的是自己。雖然在管理學上有一句話叫：「疑人不用，用人不疑。」但是如果「錯把賤人當貴人，錯把貴人當仇人。」這樣的人生就繞了遠路了。

因此在和一個人深度交往之前，先從聲音了解這人的性格、行事風格、思考模式還有價值觀，學習「聽聲辨人」這個科目，終生受用。

另外，你怎麼聽別人，別人就怎麼聽你。人貴自知，你可以從聲音更了解自己是什麼樣性格的人，你性格的優勢在哪

裡？會卡關、碰到瓶頸的地方又在哪裡？如何修練自己，才能夠在職場、人生中更上一層樓？透過聲音打開生命的局限，讓自己更有彈性，在生活的不同場景裡面活用聲音，扮演好人生舞台上每個不同的角色。

招募人才：找到好員工

希臘哲學家 Galen 說：「聲音是一個人靈魂的反射鏡。」外貌可以靠髮型、化妝、穿著打扮，甚至減肥、整形來改變，但聲音卻很難偽裝。大部分的人沒有接受過聲音的專業訓練，聲音毫無防備的透露出一個人的性格和行為模式。

也許你會說，很多人說話也會「裝」。沒錯！說話方式可以裝，不過當你開始學習聽聲辨人，慢慢提升你的聽覺敏感度，不管是裝模作樣、裝腔作勢、裝神弄鬼、裝瘋賣傻，還是裝聾作啞，別人說話聲音裡的各種「裝」，你那靈敏的耳朵也能夠聽得出來。

為什麼招聘員工需要面試？因為找錯人的代價挺大，薪水白發了不說，還有可能劣幣驅逐良幣，值得栽培的員工被不適合的員工氣走、逼走，把公司搞得烏煙瘴氣，本來不該煩惱的統統變成了煩惱，還能不能專心的賺錢呢？

身為 HR、主管、老闆，你可知道，錄用到不適當的人選，可能會使公司損失至少 2 年的薪水，這還是公司在 6 個月

之內發現用錯人，並且立刻改正的最低損失。根據人力銀行調查顯示，有超過 8 成 9 的企業主認為聲音表情能夠反映出求職者的人格特質，而面試的時候，仔細聽聽看應聘者的聲音，你會得到更多關於這個人的線索。

一般在招募人才的時候，有兩個觀察重點：一個是應聘者的「能力」，包括了他能做什麼、能做到什麼程度；第二是應聘者的「個性」，這個個性就是他喜歡什麼、不喜歡什麼、能不能跟同事和諧的相處、遇到挑戰時又會如何選擇。而這兩點比較起來，個性又比能力來得重要，我認識很多聰明的人，他們的失敗不是因為能力不足，而是因為個性問題，「江山易改，本性難移」，說白了，個性在職場上是硬傷。

說到了個性，來聽聽看這幾位應聘者打招呼的聲音（請掃瞄 QR Code，聽完整錄音檔），從打招呼可以聽出哪些跟聲音一起被傳遞出來的東西呢？第一是「人我距離感的拿捏」，也就是應聘者跟陌生人「連線」的態度，是自信還是扭捏？是熱情還是防衛？

第二個，我請你聽聽看「自我覺察的能力」，也就是應聘者知不知道自己說話的方式、聲音表現的方法，會給面試官什麼樣的感覺。有沒有意識到要看場合來調整聲音呢？

第三，我也請你聽聽看「適合什麼性質的崗位」，也就是聽應聘者是比較會做人，還是比較會做事。通常聲音能輕易的

與別人連線、能夠自在表達情感的，適合做與人接觸的工作；而聲音比較理性、不帶感情的，適合做不太需要與人頻繁互動的工作。

我在電視節目「非關命運」裡，找了6位應徵者的聲音。

首先是1號。1號這位男生，他的聲音有不錯的穩定度，代表個性也有相對的特質。認真地說出每一句話，導致在說話節奏上面有一些遲滯的現象，圓潤的共鳴方式讓他的形象呈現出不錯的質感，他自己也明白這樣會讓人喜歡，所以他也刻意用了一點小心機，凸顯這樣的魅力，提升自己在面試官心中的好感度。

整體而言，他適合與人接觸型的工作，例如客戶服務還有祕書等等。

接著，我們聽2號。2號這位女生，在她打招呼完之後，現場的人都笑了。她非常自在地做自己，對自己的性格認同、毫不掩藏，說話也隨著自己的性子，她的說話節奏很特別，在社交的場合會覺得她很有趣，但是呢，在面試的時候會感覺她不懂得看場合，她沒有意識到需要觀照別人對她的感受，自我覺察能力比較弱，在需要呈現專業感的職場，容易貽笑大方。

這樣的人才需要待在適合的產業才有機會大放異彩，特別是娛樂業，不過這得看她是否具備演藝才華。

接著，我們聽3號。3號這位男生，他在語氣上並沒有做

任何的修飾與強調，很認真、很簡單的把話給說完就算完事兒了，內外合一，不偽裝、不討好，他說話的方式就是他的性格，認真做事，不習慣對人表現內在的感情，這種人才的運用策略則是給予解決問題的工作職務，像是質量管理（品管）、流程管理、稽核等。

接著，我們聽 4 號。4 號這位女生在語氣上並沒有太多的修飾與強調，內外合一，但是她與 3 號不同的是她比較願意讓自己的情緒流動，表現自己也樂於接受對方給予的回應，因此在雙方溝通的氣氛莊重卻不失輕鬆，適合協調類型的工作職務。

接著，我們聽 5 號。5 號這位女生，她的聲音如同孩子般不收口的發聲方式（收口，就是在把話說完之後，兩個嘴皮閉上；而不收口，剛好相反），她有撒嬌需要被疼惜的感覺，人際距離是相當親近的，可愛指數破表，但聲音並未呈現出奮鬥、積極、堅定等行動特質，適合擔任生活或娛樂行業的總機、櫃台接待人員。

接著，我們聽 6 號。6 號這位男生，氣音多過聲音，真性情，算誠懇，但嘴皮沒有用力、鬆鬆的，沒有把字音發全，聽不出認真的感覺。需要觀察他做事情的持續力，是否會三分鐘熱度、虎頭蛇尾。他不適合複雜的工作、可安排目標單純的職務。

面試：決定薪資高低關鍵

　　以上只是打招呼，就能夠聽出聲音裡隱藏的個性基本盤。面試是很難完全真誠的，應聘者總是想要表現出他們最好的一面，所以緊張是正常的，觀察一個人在緊張時的表現，也能看出這個人是否有大將之風。

　　在正式進入面試之後，隨著應聘者說話量愈來愈多，面試官就愈能夠聽出更多聲音裡的「非語言訊息」。接著，我們來聽聽電視節目「非你莫屬」裡 4 位應聘者的聲音。

　　首先，第一位。第一位女生，她的聲音底蘊是感性的，咬字清晰、段落分明、速度不疾不徐、內容清楚明白，說明過去的經歷時，她的聲調有自信、節奏明快而且流暢。雖然聲音裡聽得出她即將進入職場、面對未知的些微恐懼，但是她更期待自己能找到理想的工作、能有所表現。

　　她的聲音透露出她的個性：對事情積極卻不執著，單純、柔韌、可塑性高，只有一點要注意，就是她涉世未深，對人的防備心不太夠，如果能跟對主管、有人願意手把手的帶她，未來的成就是可以預期的。

　　接著，我們聽聽第二位應聘者。第二位女生，她說話的音階是中音偏高、也是能夠讓人產生好感的語調，說話時是順著氣說的，展現出從容大度，聲音甜而不膩、相當討喜。話頭自信發聲，話尾略為收斂並以軟語結束，表示有主見卻不執著，

願意與人交換意見，說話沒斷句、略有緊張感。整體而言是個不錯的人才，不過要再深入觀察的，是她對於挫折承受力，還有問題解決的能力。

接著，我們聽 3 號。第三位男生，他的說話聲音有些渾，渾，就是不清楚，表示腦袋中的資訊太龐雜，思緒不清也沒理出個脈絡來。對於未來願景有些模糊的概念卻無法具象化，導致聲音雖然有力量，卻會飄移，聽得出來內在挺亂，不穩定。是個肯幹的年輕人，但腦袋裡思緒太雜亂、反應又不夠快，以致於聲音有些遲滯感。

有意思的是他雖不致於氣燄高張，但他自頭至尾氣勢不弱，對於自己的想法有股莫名的自信。這樣的人活在自己的世界，不好管理，光是溝通就要花很多的功夫，而且可能會把錯的事做得很對。

接著，我們來聽聽第四位。4 號這位男生，口齒清晰，節奏快而不亂，說話語氣不卑不亢、讓人能進入更深一層的溝通，有底蘊卻不內藏、該表現時也不太張揚、恰如其分。話頭沒有雜音、結尾時也不拖尾音，乾淨俐落，心氣溫和平穩。從種種聲音訊號來觀察，性格質樸、認真、專注、沒有什麼明顯的缺點，是個人才，可以給予更好的機會。

精準的聲音表達能力，是溝通力、協作力、領導力的基礎，一個人薪水的高低、創業的成敗，都與他的溝通、協調、

領導力正相關。你想想看，兩個同樣職務的員工，一個 3 句話就能清楚表達想法和情緒，另外一個講了 30 句人家還搞不懂他到底想表達什麼，你說，哪一個員工效率更高？經年累月下來，哪個發展會更好？

關於從聲音聽出個性，我在本書中其他單元會談得更深入，歡迎跟我一起領略更多「人與聲音」的奧妙。

好好說話的奧義

想要提升說話的影響力，
聲音是非常值得探索的學問。
一個人開口說話時，
如果能做到心意、語意、語氣三者同步，
就有更多機會把話說對、說好，說得有力量。

說話這件事，每天都在做，永遠都有進步空間。很多時候，「怎麼說」比「說什麼」更重要。怎麼說，就是聲音表達的能力。

我喜歡從說話聲音、說話方式「聽」察一個人，因為聲音很直接，不需要對方的生辰八字，只要在跟對方互動的時候多一些敏感度，就能聽出很多線索。聲音有一部分是天生的，跟聲帶、口咽腔構造有關，影響了一個人的音質（音色），例如：聲帶短的人，聲音比較高、比較尖；聲帶長的人，聲音比較低沉。聲音的第二個部分是後天養成的用聲習慣，也是一個人性格與意念長期交互作用所產生出來的特質，比方做事快、狠、準的人，語速通常不會慢、不會拖；腦袋裡有謀略、善於規劃的人，聲音通常會展現出謀定而後動的冷靜感。

想要提升說話的影響力，聲音是非常值得探索的學問，而且是必須培養的關鍵能力。關於說話，「同步」這個概念非常重要，一個人開口說話時，如果能觀照到自己心意、語意、語氣的同步性，就有更多機會把話說對、說好，說得有力量。

心意、語意、語氣同步

同一句話，用不同語氣來說，會有不同效果。以下這個句子，請你配合標點符號來說說看：

「我愛你。」

「我愛你！」

「我愛你？」

「我⋯⋯愛⋯⋯你⋯⋯」

句號的「我愛你」是堅定的；驚嘆號的「我愛你」是興奮的；問號的「我愛你」是質疑的；刪節號的「我愛你」是害羞的，也可能是被迫說出來的。

說話，是一個理性與感性兼具的行為，既用「內容」（語意）傳達理性思維，也用「語氣」（聲音）傳遞情緒、情感。心態會反映在語氣上：心不在焉，說話的語氣就會鬆弛發散；心猿意馬，說話的語氣就容易浮躁失控。因此，可以從「語意」和「語氣」來理解、推測說話者的「心意」。

語意，就是說話的內容、就是文字、就是台詞、就是「語言訊息」，也就是你要說什麼。

語氣，就是說話的形式、就是聲音、就是語態，就是「非語言訊息」，也就是你要怎麼說。

語言訊息和非語言訊息的組合千變萬化，讓我們能夠對別人表達內在各種細緻、幽微的情感。懂說之前先懂聽，聽一個人說話，有意識的把他說話的內容，跟所用的聲音（語氣）分開來聽，就會發現更多隱藏在話語裡的細節。

當一個人說他「很開心」，語氣卻是低沉、沒有起伏的，你覺得他真的開心嗎？當他說「沒問題」，聲音卻是畏縮、輕

飄飄的，你還會放心把責任交給他嗎？

聲音裡的線索非常多，再聽細一點，同一句話，用不同的「強調方式」，言下之意也就不同了。我上課時會用「這是一個人的生活」這句話讓學員演練，不同性格、價值觀的人，會把重音下在不同的地方。重音下在「這」的人，多半行動力很強；重音下在「一」的人，不是喜歡獨處，就是渴望有人陪伴；重音下在「人」的人，對人確實比較敏感，也重感情；重音下在「生活」的人，通常都很有品味、重視生活細節，也很懂得享受。

說話時，心意、語意、語氣三者同步，表達的效率最高、影響力也最大，因為別人容易聽懂。然而，這三者之間只要有拉扯、不一致，就會提高別人的理解難度，且不易贏得信任、甚至讓人覺得矯情，表達的效率低不說，還容易引起誤會，讓溝通變得更棘手。

想把人際關係經營好、成為一個對別人有影響力的人，「表裡如一」很重要。如果自認「心意」是好的，更要留意「語意」和「語氣」的選擇，盡量讓「語意」和「語氣」毫無懸念地傳達「心意」，不管這個心意是關懷、提醒、勸告、鼓勵、建議，還是防禦（畫界線），這便是好好說話的奧義。

從角色原型聽見性格特質

前陣子我去參加一個企業家的聚會，主辦單位邀請了一位

剛創業的年輕講師來演講。當天的講題是企業品牌塑造，前半段經驗分享很不錯，可是不知道為什麼講著講著，他開始教台下的聽眾如何做好公司經營管理，語氣間多了那麼一點教訓的意味。

演講離題已經讓台下聽眾皺起眉頭，更讓人納悶的是，這位講師似乎忘了台下坐的都是台灣傑出中小企業家，他們經營公司的資歷最少 20 年起跳，公司規模也比這位講師大很多，聽一位初出茅廬、公司還在微型企業階段的年輕人侃侃而談，說著了無新意的公司治理之道，現場氣氛陷入一片尷尬。

說話「分寸」的拿捏，是一門很重要的學問。分寸從何而來？從正確認知自己的角色、身分，以及雙方的關係而來。

很多時候我們說話的內容（語意）是對的、聲音（語氣）也沒有太大問題，但是因為角色、身分、關係不對，分寸沒有拿捏好，容易激起聽者的負面情緒，讓人覺得白目、刺耳、不舒服，不講沒事，講了還得罪人、打壞關係，實在很划不來。

談到說話的「角色」，我要正式介紹這本書最重要的一個關鍵字——原型。

原型（Archetype）一詞起源自古希臘語，前面 Arche 這個字的意思是「最早的」，Type 這個字尾則是指「式樣、形式、模型或者類型」，所以「原型」在這裡解釋為「人物的典型」，在戲劇裡面，就是指角色的典型特質，以及這個角色所

象徵的意義。

　　原型的概念，是從瑞士心理學家榮格（Carl G. Jung）的「分析心理學派」所發展出來的，被廣泛應用在文學、戲劇當中。要成功塑造一個角色，除了故事（劇情）本身會有關於這個角色的典型生活情境之外，服裝、化妝、道具、台詞、表情、肢體動作都必須做好設定，當然，角色的聲音設定也是不可忽視的細節，每一種原型都有他典型、獨特的聲音標誌，像是「英雄」原型角色的聲音會帶有積極感，「智者」原型角色的聲音冷靜平淡、「情人」原型角色的聲音比較溫柔、有感情。

　　美國心理學專家卡蘿・皮爾森（Carol S.Pearson）深入研究榮格的「原型心理學」後，發展出 12 個原型，分別是：天真者、探險家、智者、英雄、亡命之徒、魔法師、凡夫俗子、情人、弄臣、照顧者、創造者、統治者。

　　這 12 個原型分別代表了 12 種不同人格特質，我又把這 12 個原型當中聲音特質比較明顯的 9 個整理出來，作為我的聲音教學素材：天真者、凡夫俗子、英雄、梟雄（亡命之徒）、智者、丑角（弄臣）、情人、照顧者、王者（統治者）。

　　榮格心理學認為大多心理問題的形成，多半是因為某一種原型受到阻礙，沒有得到良好的發展，因此治療目標是讓這些沒有發展好的原型，能夠獲得應有的發展。本書不談精神治療，談的是如何透過學習不同原型的特質，外掛不同原型的強

項、擴大自己的彈性，以便應對日常生活中各種挑戰。

　　每個人都有自己的主要性格，主要性格特質會外顯於思考方式、行為、說話，如果面對所有人、所有情境都一成不變用這個主要性格去互動，難免流於僵化。

　　我曾經是一個聲音演員，剛出道的時候，被編進了一個古裝劇的配音班，我搭的角色，是一個凡夫俗子原型的小兵。這個小兵只有一個鏡頭，就是在被敵人一刀砍死時要發出「呃啊」的吶喊。我不以為意、一派輕鬆，盯著畫面上的小兵，等待敵兵刀子落下的那一剎那，我就「呃啊」地喊了一聲。

　　那一聲喊得雄壯威猛、氣蓋山河，當我還在為自己的精彩演出沾沾自喜之時，忽然聽到領班氣得大吼：「周震宇你搞什麼鬼！小兵！你以為你在演將軍啊？無名小卒不必死得這麼壯烈，重錄！」

　　領班當頭棒喝讓我學到寶貴的一課，沒有小角色，只有小看了角色的演員。原來當時我的慣用聲線是英雄原型，但我搭的角色，是凡夫俗子，在那個當下，我對原型體會、思考的層次太淺，對「選擇聲音原型」這件事掉以輕心，造成聲音與角色不同步，沒對上劇中人的性格，也耽誤了劇組的時間。

　　這個經驗告訴我：當一個人能夠清醒地覺察到自己當下所處的情境、所扮演的角色，並且有意識的選擇適合當下情境、角色原型的「語意」（說話內容、台詞）和「語氣」（說話方

式、聲音）時，話語的力量會打動人心！這是一種既保有自我，又兼顧了彈性、靈活的說話智慧。

人都有自己思考的慣性、行為的舒適圈，學習不同原型特質不是一件容易的事，而「聲音」是一個很好的切入點。藉由學習不同原型的聲音特色，我們得以聽見蘊藏在自己聲帶裡的力量，聲音可以剛強（英雄）、可以霸氣（梟雄）、可以冷靜（智者）、可以靈活（丑角）、可以柔和（情人）、可以溫暖（照顧者）、可以圓融（王者），完全看我們是否願意開發這些聲線、擴大自己聲音的彈性，以便在需要不同聲音能量的情境時，自在地轉換、應用。

透過訓練讓聲音產生正能量

我在澄意文創有一門線下課程叫「聲音表達基礎班」，有些英雄原型，甚至是梟雄原型的女企業家在百忙之中排除萬難來上課，目的是讓聲音更溫柔。她們的困擾，不是員工覺得她們說話時天威難近、不敢吐露真言，就是老公希望她們說話多點女人味，再不然就是小孩抗議她們太過強勢，得不到母愛的溫暖。

當然，你也可以說，這樣活著太累了，每天要面對這麼多不同關係的人，哪有辦法一直變臉、變聲、換身段，去滿足這些人的需求。但站在當事人的角度，這些女企業家們確實因為

說話方式缺乏彈性，影響到了她們所在意的關係，只要能隨著角色調整說話方式，關係就有機會變好。

我記得有位女企業家學員，她聲音主要的風格是目標導向的英雄原型，在公司帶兵打仗，常常無意識轉成梟雄原型的聲音跟員工溝通，通常都是她主動找人講話，而且不是罵人就是下達命令，同仁唯唯諾諾，沒什麼人敢主動向她表達，漸漸地就聽不到真話了。當她知道「原來自己可以隨著角色，調整說話方式」時，眼睛裡發出光芒，行動力極強的她，立刻做了大幅度調整。

對員工時，用英雄原型聲音的積極感，取代本來梟雄原型聲音的霸道感。

對老公時，提醒自己角色轉換為「妻子」，眼前站著的不是競爭對手，而是要牽手一輩子的親密伴侶，試著在英雄原型聲音裡加入氣音、放慢語速，讓聲音接近情人原型。

對孩子時，提醒自己角色轉換為「母親」，三個小蘿蔔頭不是員工，而是需要母愛的孩子，所以把聲音放軟，有意識的為聲音加溫，台詞也從鐵面無私的嚴格要求，調整成關心、支持。

還有另一位從事法務工作的學員，則是赫然發現自己都是用智者原型跟弟弟互動，從他挑剔又犀利的眼光，常常只看到弟弟的缺點，又覺得自己長兄如父，一定要糾正弟弟，但誰會

跟一個常常挑自己毛病，又想控制自己的人感情好呢？所以弟弟漸漸跟他疏遠，他有些懊惱又不知道怎麼辦才好。

當他知道自己可以選擇用照顧者原型取代智者原型跟弟弟互動時，立刻約弟弟吃飯，親自下廚準備幾道拿手菜，兄弟倆小酌幾杯，好好聊聊。他一改之前的冷酷挑剔，在聲音裡加入照顧者原型的溫暖，弟弟很驚訝他的改變，這位學員心知肚明，自己不是「改變」，只是「變得更有彈性」，在不失去自我的情況下，透過聲音的力量打破慣性、打開生命的局限。

中華大學通識教育中心鄭錠堅老師發表過一篇〈從「內在英雄」人格分類學論析金庸小說的人物原型〉論文，我很喜歡他的觀點：「人格分類學最重要的功能是『自我了解』，只有先行了解自我生命的強、弱、明、暗、長、短、優、劣、內、外、正、負、隱、顯、剛、柔，才能在熟知自我的基礎上，找到最適當的方便法門，進行生命修復及靈性擴展的工作。」

人聲有強、弱、明、暗、清、濁、剛、柔、動、靜……，從聲音可以聽出一個人的主要原型，我們可以從這個主要原型先了解自己，再從這個自我了解的基礎上，外掛其他原型的力量，開發自己更多可能性。除了修復自己的生命，也能對別人產生正面的影響。

3分鐘重點學習

1. 說話這件事，「怎麼說」比「說什麼」更重要。怎麼說，就是聲音表達的能力。

2. 從「語意」和「語氣」可以理解、推測說話者的「心意」。語意，就是說話的內容、文字；語氣，就是說話的形式、聲音。

3. 說話「分寸」的拿捏，是一門重要學問。分寸從何而來？從正確認知自己的角色、身分，以及雙方的關係而來。

4. 聲音可分為 9 大角色原型，各有自己的特質和強項，分別為：天真者、凡夫俗子、英雄、梟雄、智者、丑角、情人、照顧者、王者。

5. 當一個人能夠清醒地覺察到當下所處的情境、所扮演的角色，並有意識的選擇適合角色原型的「語意」和「語氣」，話語的力量會打動人心。

9 大原型的性格特質

探索 9 大原型聲音之前，
先了解這 9 大原型各有什麼樣的性格特質，
是理解各原型聲音力量的重要基礎。
藉由深刻的理解，讓聲音為己所用，
創造人生更多可能性。

聲音，承載著一個人的過去，標誌著一個人的現在，預示著一個人的未來。有什麼樣個性的人，就會發出什麼樣的聲音。知其然，也要知其所以然，在探索9大原型聲音之前，要先了解這9大原型各有什麼樣的性格特質，是理解各原型聲音特質與力量的重要基礎。

這9種性格特質，每個人多多少少都有，只是比例不一樣。性格會體現在我們的價值觀、思考模式、決策模式和行為模式，僵化地限制自己「我就是這樣的人」其實滿可惜的，不妨把這9種原型視為自己體內的9種力量，藉由深刻的理解它們，來讓它們為你所用，讓自己在不同情境下，可以更靈活地調動適合的原型力量來應對，創造人生更多可能性。

天真者性格特質

永不放棄信念與希望

　　每個孩子在青少年之前，都是天真者。若在孩童時期經歷過遺棄、背叛、虐待、忽視、幻滅這些痛苦的經驗，天真者會轉為「孤兒原型」，跟他們互動，會明顯感覺到他們的敏感、早熟、防衛，或者過分圓滑。

　　童話裡連野狼的話都信的小紅帽、敢吃來路不明毒蘋果的白雪公主、《國王的新衣》裡誠實說出國王沒穿衣服的小男孩、《小木偶》皮諾丘；法國作家安東尼・聖修伯里（Antoine de Saint-Exupéry）最著名的小說《小王子》裡面那個跑到地球旅行的小王子、電視劇「還珠格格」的小燕子、「步步驚心」葉祖新飾演的十阿哥、「杉杉來了」女主角薛杉杉、「楚喬傳」還沒有黑化的元淳公主……，都是天真者原型。

　　天真者原型代表著信念和希望，他們對顯然不可能的事物也非常具有信心。天真者的存在，就是一種美好，天真者也教我們看見世界的美好、感受世界的美好。

　　天真者原型是人生最開始的狀態，也是經歷世間滄桑之後，在老年反璞歸真的狀態。所以天真者不是只有小的，也有老的。年輕的天真者表現的是「不知天高地厚的任性」，年老

的天真者表現的是「從心所欲不逾矩的任性」，他們以最天然、最純淨的本質活著，時時處在自得其樂的狀態。

 性 格 特 質

1. 安於生活、活在當下

天真者不懊悔過去，也不煩惱未來，他們安於眼下的生活，容易滿足、快樂，是「活在當下」的實踐者。也只有天真者的放鬆、不控制，奇蹟才會發生。其他幾個原型，都忙著布局、計劃、行動，全神貫注在控制過程、操縱結果，不給奇蹟發生的空間。

天真者手無寸鐵卻很有安全感，什麼爾虞我詐、弱肉強食、積極奮鬥……，都跟他們沒關係。有些從小被家裡保護得很好的孩子，缺乏成長過程中的適當歷練，成年後仍保有明顯的天真者原型特質，他們得到的形容詞不是「傻白甜」就是「呆蠢萌」。他們善良、沒有心機，很好相處，可是也常常因為對江湖險惡的無知，讓人捏好幾把冷汗。

在其他原型的人看來，天真者活在一個粉紅泡泡滿天飛的夢幻世界，能這樣柔軟、放鬆、毫不費力地活著，實在是很幸福。

2. 天真無邪、簡單直率

天真者沒有邪惡、複雜的心思，思考也缺乏深度，不具備憂患意識，他們會否認讓自己痛苦的事物，選擇相信他們想要相信的。

天真者幾乎是靠本能在生活，本能是什麼呢？本能是人類與生俱來的能力，像是小嬰兒一出生就會吸吮母乳或奶嘴，想睡覺就會打哈欠、膝跳反射等等，都不需要思考或訓練，就能直接做到。正是因為天真者擁有如此天然、直接的能量，不管在什麼場合、不管對象是誰，天真者都能很直率地表達自己的意見。

成年以後的天真者，社會化程度比較低，直通通的不會拐彎，常常會發生不會看場合說話的尷尬情況，不過他們真的沒有惡意，只是純淨的像一面鏡子一樣，反射眼前顯現的一切。

天真者的直率無法擋

擁有天然、直接的能量，不管在什麼場合、不管對象是誰，都能直率地表達意見。直通通的不會拐彎，常常會發生不會看場合說話的尷尬情況，不過他們真的沒有惡意！

3. 充滿好奇、懷抱希望

愛因斯坦說：「誰要是不再有好奇心，也不再有驚訝的感覺，誰就無異於行屍走肉，其眼睛是迷糊不清的。」天真者不管年紀多大，對這個世界總是保持高度好奇，隨時準備好要接受驚喜。仔細觀察，你會發現天真者的眼睛是亮的，亮晶晶、閃爍著孩子才有的純淨光芒。

從古希臘時期開始，好奇心就被看成一種天性，同時也被看成學習的動機。好奇心也是人類進步和發展的推動力，雖然未來充滿挑戰與不確定性，但天真者原型教導我們，只要心中保有期待和希望，能夠信賴他人，並向他人學習，人類就能以自信和積極樂觀的態度，踏進前所未知的領域。

值得一提的是，孤兒原型與天真者原型都會有經歷失落、沉淪的經驗，但面對失落、沉淪的態度卻大不相同。天真者會順勢利用機會更加努力，使自己更臻完美、惹人疼愛、更值得尊敬，證明美好的希望是可以被達到的；孤兒則是將失望、憂愁視為本來就應該存在的事實，並且用自己的選擇、經驗來證明人永遠是孤單寂寞的。

凡夫俗子性格特質

不超支能量追求華麗幻象

當你聽到「凡夫俗子」這四個字，心裡冒出來的第一個想法是什麼呢？我想到李宗盛〈凡人歌〉的歌詞：「你我皆凡人，生在人世間；終日奔波苦，一刻不得閒。既然不是仙，難免有雜念……。」

平凡、平庸、普通、一般般……，都是凡夫俗子的標籤，有人不喜歡凡夫俗子的胸無大志、庸庸碌碌；有人覺得甘於平凡也挺好，反正人生本來就是一場大夢，拚搏到最後什麼都帶不走。這兩種觀念並沒有對錯之分，不過「觀念決定態度，態度決定行為，行為形成習慣，習慣形成個性，個性決定命運」，這輩子想要怎麼活，全靠自己的觀念來驅動。

人生最開始發展的原型是天真者，當天真者慢慢成長，成長到有基本能力照顧自己、養活自己，可以獨立了，就會進入到凡夫俗子原型。有人這一生中的凡夫俗子時期很短，憑著天賦和努力，很快就發展出英雄、梟雄、智者、丑角、情人、照顧者，甚至王者原型的特質，創造了精采、絢爛的一生；有人則是一輩子都停留在凡夫俗子階段，樸實地過著每一天。

平凡，意味者不超支自身能量去追求華麗的幻象，而是一

步一腳印，踏踏實實地穩住生活，儘管沒有輝煌的成就，把小日子過得有滋有味倒不是難事。

凡夫俗子雖然不像其他原型有明顯特色，卻是戲劇裡不可或缺的重要角色，群眾演員從路人甲乙丙丁、鄉里鄉親、小區鄰居、吃瓜群眾、市場小販、賣場客人，到軍隊士兵、衙役、奴婢、僕人、山寨裡跟著起哄的山賊、宴會裡湊熱鬧的賓客……，無所不包，用他們的平凡，映襯了主角、配角們耀眼的光芒。

性格特質

1. 心地善良、安於現狀

大部分凡夫俗子都很善良，不會故意攻擊、陷害別人，或去做傷天害理的事。但有一點比較可惜，凡夫俗子雖然心地善良，卻常常因為意識層次不夠高，做出一些不文明的行為，例如，霸占博愛座、亂丟垃圾、插隊、在餐廳大聲喧譁、車子亂停……。他們並不是故意要破壞環境或傷害別人，而是壓根兒沒有意識到這些行為對別人會有什麼影響。

其次，凡夫俗子之所以平凡，最主要的原因是安於現狀。由於缺乏成就動機，也不懂得如何設立目標、制定計畫，凡夫俗子沒有什麼遠大的目標需要實現，很容易陷在舒適圈裡，忽

略了要善用時間幫自己累積更多讓人生升級的資源。人沒有目標就會犯懶，人一懶，競爭力就下降。

偏偏現代社會已經進入了高度競爭的態勢，凡夫俗子雖然選擇了安逸，卻不一定能活得淡定、自在。作家路遙在她的長篇小說《平凡的世界》裡有兩句話，特別能形容凡夫俗子在生活壓力下的隱憂，她說：「一個平凡而普通的人，時時都會感到被生活的波濤巨浪所淹沒。」安於現狀沒有錯，但如果凡夫俗子能學習智者原型的深謀遠慮、英雄原型的行動力，內在更多的潛力會被激發出來，不要在該奮鬥時選擇安逸，因為，等到該安逸時，已經沒有體力奮鬥了。

2. 自我設限、害怕改變

凡夫俗子的第二個特色是固執，非常固執；不是擇善固執的固執，而是腦袋裡有很多限制性思考的固執，有不少難以拔掉的思想病毒。

什麼叫限制性思考？就是用想法把自己綑綁起來，限制了自己更好的發展。我曾經遇過一位學員，在課堂上練習聲音技巧的時候，一直堅持她做不到，我、班導師及全班同學都鼓勵她，要她試試看，她就是不停鬼打牆般說著：「我不行、我不行、我不行」。我開玩笑對她說：「好吧，妳真的不行。」她沒聽出這是玩笑話，竟然認真以對，脫口而出說：「你看吧，我

早就跟你說過我不行了。」當下不只我，而是全班都嚇傻了，她對自己的限制性觀點，已經變成深入骨髓的信念了。

凡夫俗子害怕改變，甚至抗拒改變。厭煩了朝九晚五的工作、一成不變的生活，想要改變，卻又不敢為自己想要的改變付出對等的代價，一想到要為這個改變吃苦，改變的念頭又縮回去了。於是只能日復一日蝸居在租來的小窩，待在一個食之無味、棄之可惜的工作上，談著一段已經沒有養份的感情，在夜深人靜時感嘆著年華老去、一事無成。

3. 非常需要小確幸

1970 年代，史丹佛大學有一位名叫沃爾特・米歇爾（Walter Mischel）的美國心理學家，募集了 643 名四歲兒童進行了一場實驗。米歇爾告訴每位孩子他得離開房間 15 分鐘，如果他回來時棉花糖還在桌上，他會再給這個孩子一塊棉花糖作為獎勵，但如果孩子們吃了棉花糖，實驗就結束了，孩子們也沒辦法多拿到一塊棉花糖。實驗結果是每 3 位孩子就有 2 位吃了棉花糖，有三分之一的孩子沒有吃。

研究人員追蹤發現，四歲時沒吃棉花糖的孩子，長大後在學校、社會上各方面的成就都比較高，而那些急忙吞下棉花糖的孩子們，長大後大多從事薪資微薄的低階工作，真正成功的只占少數。

這個實驗想要說的重點是 —— 成功的人，都具有「延遲享樂」的自律能力。凡夫俗子通常是相反，他們要的是眼前的小確幸，對「十年磨一劍」沒有興趣。

心裡想買房，卻刷卡買了最新款的 iPhone；想考 CPA（註冊會計師），卻看他下班去逛街、假日去約會，就是沒看過他念書；發誓要瘦身，面對美食誘惑，減肥立馬變成明天的事……，要放棄眼前這些可以快速得到幸福感的東西，太難、太痛苦了，不如先把那些雄心壯志擱著吧！日子又不是真的艱難到過不下去，對吧？

整理一下凡夫俗子原型的幾個特色，有沒有發現這個原型的「適應力」其實是很強的呢？他們能適應各種惡劣的環境、辛苦的工作、難搞的人，老老實實地守著崗位，成為社會或公司裡穩定的力量。

持久型的馬拉松員工

日本經營之聖稻盛和夫曾說過：「能長久支持公司的馬拉松型員工，並非那些自命不凡的聰明人，而是那些心地善良、具有優良且完整精神架構的平凡人。」可見凡夫俗子的重要。

英雄性格特質

行動快狠準的能力者

　　從小聽故事以來，「英雄」這個角色原型就無所不在。《三隻小豬》裡蓋紅磚屋抵抗大野狼，最後成功保護兄長們的豬小弟；《美女與野獸》裡勇闖野獸城堡營救父親的女主角貝兒；《后羿射日》裡為百姓射下9個太陽的后羿；《楊家將》楊業、楊延昭等5個世代、數十位的男女英雄；《三國》的關羽、趙雲；《水滸傳》的武松；金庸筆下的郭靖、楊過、張無忌、令狐沖……。

　　電視劇「老九門」裡以佛爺張啟山為首的抗日英雄聯盟、「楚喬傳」女英雄楚喬、「人民的名義」裡的年輕檢察官侯亮平、「那年花開月正圓」接掌吳家東院之前的周瑩（接掌吳家東院後，周瑩慢慢往王者原型演化）、「延禧攻略」女主角魏瓔珞、「小女花不棄」裡的蓮花客（陳煜）、「我們與惡的距離」人權律師王赦、「最佳利益」裡的菜鳥律師陳博昀、「用九柑仔店」裡的男主角楊俊龍、「紫色大稻埕」裡莊凱勛所飾演的蔣渭水……，族繁不及備載。

　　有沒有發現，英雄這個角色原型小的、老的、男的、女的統統都有，他們是故事的主角，帶領著我們冒險犯難，也牽動

我們內心深處的情感，那是一種願意透過自己的努力、犧牲，突破困境，讓好人免於危難痛苦、讓世界變得和平美好的熱切想望。

性格特質

一個角色人物，要能被歸類到英雄原型，有以下幾個必要條件：

1. 要有踏上英雄旅程的動機

這個動機通常有兩種，一種是他有「想要捍衛的東西」：想要保護自己、保護家人、愛人、族人、同胞到保衛國家，或者是捍衛公平正義、自由、愛情等等他認為重要的價值。在宮崎駿電影「霍爾的移動城堡」裡，原本膽小的霍爾，對蘇菲說出：「我一直在躲避，但我終於找到要保護的人了，那就是妳。」他就已經踏上英雄旅程了。

第二種動機是他有「想要得到的東西」，像是寶藏、武功祕笈、神兵利器、兒女的監護權、一份屬於自己的新事業……，按照現在的說法，就是英雄要有目標，而且是明確的目標、渴望達成的目標。英雄必需要知道自己真正想要的，而且願意為此全力以赴。

2. 要有行動

企業界曾經流傳了一則腦筋急轉彎，題目是這樣的：「荷葉上有 3 隻青蛙，其中一隻青蛙決定跳下水，請問，過了一會兒，荷葉上還有幾隻青蛙？」答案是：3 隻。

決定跳下水跟真的跳下水是兩碼子事。行動，是英雄必備的特質，是英雄的榮耀勳章。英雄原型可以結合智者原型，成為「謀定而後動」、「有勇有謀」、「智勇雙全」的英雄，但就是不能光在那兒想得天花亂墜、慷慨激昂，卻始終沒有行動。

3. 要有本事

有些英雄一出生就天賦異稟，自帶超能力；但大部分的英雄是從凡夫俗子升級上去成為英雄的，因為經歷了挫折、磨難，使他有了想要捍衛或得到的東西而踏上英雄旅程。

英雄旅程裡動不動就出現大魔王、惡龍、壞巫師，英雄想達到目標，絕對需要貴人幫忙，不過最重要的是：他自己要有本事。本事從哪兒來？從「自律」而來。

小不忍則亂大謀，英雄可以熱血，但不能衝動，衝動容易讓自己變成砲灰。所以真正的英雄，情商要高、情緒控制能力要好，不該講的話不要講、不該出的包不要出，不能暴衝、不能發瘋，這些都需要自律。

再來，如果沒有像楚喬那樣有媽媽可以快速把八成的寒冰

訣功力傳到體內，就得乖乖認份，從新手村開始練起。練功這種事，沒辦法貪快，也不能找人替代，就是得按部就班，扎實苦練，這也必須靠自律。自律久了，個性就穩了，堅毅的能量也愈發強大了。

另外，本事也從「聰明」而來。魏明帝時期的劉邵在其著作《人物志》第八篇〈英雄〉裡面，分別定義了「英」和「雄」這兩個字，他說：「聰明秀出，謂之英；膽力過人，謂之雄。」

聰明的人，生存能力比較強、學習能力也強。練功不能傻傻在那兒練，不懂得掌握訣竅，每天從雞叫練到鬼叫，練到死也沒用，要能掌握訣竅，往正確的方向練。還要領悟力強，能夠把學習、生活經驗融會貫通起來，成為自己的智慧資產。英雄還得機靈，懂得審時度勢、見招拆招。這些，都是裝備「本

靠自律、聰明練就一身好本事

英雄的本事從自律和聰明而來，真正的英雄情商高、情緒控制能力好，不該講的話不講、不該出的包不出；還得機靈，懂得審時度勢、見招拆招。這些，都是裝備「本事」的條件。

事」的條件，英雄必須有。

4. 要很勇敢

勇敢不是不害怕，而是雖然害怕卻仍然繼續前進。《哈利波特》作者 J.K. 羅琳則說：「真正的勇敢，是從創傷中重生。」英雄的勇敢，不是逞凶鬥狠，而是當挑戰來臨時，選擇面對、選擇克服，而不是逃避或退縮。

5. 要有崇高的精神

英雄有 3 個層次：低層次的英雄，會把焦點放在爭輸贏，他覺得自己比別人厲害，內心有一種莫名的優越感，一直想證明自己是對的、是最強的，不接受「輸」、「失敗」……，這些字眼，為了要贏，常常會做出蠢事。我把這種人歸類為流氓，稱不上英雄。

中層次的英雄是為了自己而戰，他的心中還沒有別人，只為了自己的原則、理念、價值標準、目標而戰，對於幫助別人沒有興趣。他雖然很強，卻不太管別人死活。人不犯我，我不犯人，這種「獨善其身」型的英雄，不能說他們自私，至少他們不會恃強凌弱。

高層次的英雄會願意為了崇高的理想、價值犧牲自己，而這個崇高的理想、價值，就是孔子說的「仁」，仁者無敵的

仁。孔子常常提到「仁」這個字，但是他對於「仁」這個字並沒有確切的定義，不同的學生問他什麼是仁，他給出的答案都不一樣。不過一般認為「仁者，愛人」是核心的意義。

愛人，無私地去愛別人，這是一種大愛。高層次的英雄原型，會為了一個高於個人利益的目標而奮鬥，而這樣的目標，就是保障社會及全人類的利益。為了保護所有的人，高層次的英雄不會採取鬥爭行為，而是靠智謀化干戈為玉帛，在最高層次上贏得勝利，圓滿解決衝突，不僅不流一滴血，也不讓任何人丟面子、下不了台。高層次的英雄融合了智者與照顧者的特質，往下一個階段，也就是「王者」演化。

梟雄性格特質

不被道德綁架的狠角色

「梟雄」跟「英雄」雖然只差一個字，在戲劇裡的人物設定卻差很多。從造型、聲音、台詞、肢體動作，觀眾只要稍微觀察一下，就能認出誰是英雄、誰是梟雄。嬴政、勾踐、項羽、劉邦、董卓、曹操、武則天、趙匡胤、朱元璋、多爾袞、鰲拜、杜月笙……，這些中國歷史上的梟雄一字排開，個個威名遠播，都不是簡單的人物。

那麼小說、戲劇裡的梟雄呢？金庸筆下的西毒歐陽鋒、日月神教教主任我行；電視劇「上海灘」裡的丁力、「老九門」裡的老四陳皮、「楚喬傳」裡經歷九幽台之痛，從悲劇英雄黑化成梟雄的燕洵、「那年花開月正圓」裡的杜明禮、「延禧攻略」裡的袁春望、「皓鑭傳」裡一心想成為人中之王的呂不韋、「小女花不棄」裡神祕人蕭九鳳、「最佳利益」裡用陰狠手段奪下律師事務所所長一職的律師蔡妙如……，有的讓人恨得牙癢癢，有的讓人不禁搖頭嘆息。

戲劇裡沒有反派就不好看，沒有反派，英雄無用武之地；有趣的是，梟雄原型的角色不一定是反派，他們多半亦正亦邪，歷史上不少開國君王，也都是梟雄！作為這麼特別的一個

角色原型，梟雄究竟有哪些特質呢？

 **性格特質**

1. 為達目的、不擇手段

　　這是梟雄和英雄最大的分別。英雄會選擇適合的手段來達到目標，梟雄相反，為了達到目標而不擇手段。

　　傳說「梟」是一種會吃掉媽媽的惡鳥，兇猛，不易馴服。「梟」是個會意字，取鳥的頭掛在樹木之上的意象。為什麼梟的頭會掛在樹上呢？古人重視孝道，這種長大後會無視哺育之恩吃掉自己媽媽的壞鳥，必須全族捕殺才行，捕殺後就把梟的頭掛在樹上，以儆效尤，所以才有「梟首示眾」這個成語。

　　為了生存，連自己媽媽都能吃掉，梟這個字充分顯示了梟雄最明顯的特質：為達目的不擇手段。英雄和梟雄都有奮鬥的目標，英雄會為了崇高的理想或價值而戰，梟雄是為了一己私慾而戰。

　　在奮鬥過程中，英雄寧願犧牲自己，也不願傷害無辜；梟雄剛好相反，「寧教我負天下人，休教天下人負我。」梟雄會為了成就自己的霸業，無視倫理、道德、感情犧牲別人，甚至犧牲自己所愛的人。

　　完全邪惡的梟雄，做人做事只有 8 個字：「順我者生，逆

我者亡」，像希特勒或是「星際大戰」中的黑武士達司‧偉得（Darth Vader），在他們眼中只有兩種人，一種是不會擋路的，另一種就是會擋路的，凡是擋到他們路的人，都必須被剷除、消滅。在梟雄眼中，規則不是用來遵守的，而是用來打破的。唯有打破舊有、不合他們意的規則，才有機會搶到重新建立規則的權力。

2. 野心勃勃、實力堅強

梟雄心中不只是有目標而已，目標還非常遠大，這叫「野心」。野心和企圖心不一樣，企圖心是朝著理想步步為營，走在正道上，正當地運用資源，達成對自己、對別人都好的大目標，所以說英雄有「道」，值得信任。野心則是放縱慾望、踰越本份，蠻橫地鏟除路上的障礙，絲毫不客氣地踩著別人的屍體往上爬。

一個野心很大卻沒有實力的人，稱不上梟雄，只能算個丑角。能配得上「梟雄」稱號的人，實力都很堅強，也才有資格在亂世的擂台上，跟那些能量相當的對手爭輸贏、分天下。

3. 喜怒無常、陰晴不定

梟雄的成功，不是來自「以德服眾」，而是來自「以暴制暴」。橫行、蠻幹，無人能出其右，梟雄走的不是「正道」，

而是「霸道」，成就的是「霸業」，不是「大業」。正因為梟雄自己做了以暴制暴的最佳示範，導致他隨時都擔心有人有樣學樣來對付、推翻、殲滅他，他必須保持警覺，心理狀態可以用「惶惶不可終日」來形容。

走到哪兒都要提防有人對他不利，連身邊親近的人都不能信任，這是多麼深沉的恐懼？一個渾身戾氣、桀傲不馴，霸氣十足的人，還得小心翼翼地過日子，在心理、精神層面是很不健康的，時間久了，個性自然變得喜怒無常、陰晴不定。

梟雄的辛苦還不只如此。特別是在中國歷史上，梟雄奪權的時候也渴望有個名正言順的正統性，免不了要演演「順天應人」的戲碼來圈粉。怎麼演呢？「大奸似忠，大詐似信，大偽似真」這 12 個字，歷代梟雄們都演繹得不錯，看看「狹天子以令諸侯」的曹丞相，這演技夠拿個金馬獎了！

喜怒無常難捉摸

梟雄明明是「奸」，要想辦法演成「忠」；明明狡詐的不得了，硬要演成講信修睦，正是內心有著如此的拉扯、不協調，我們更能理解為什麼戲劇裡的梟雄，總是喜怒無常、陰晴不定。

智者性格特質

理智永遠在線的萬事通

「智者」是戲劇裡重要的原型，有了智者原型，劇情深度才出得來，他們為主角貢獻的妙計，總是能讓觀眾拍案叫絕；他們的智慧之語，也常常是觀眾可以筆記起來的金句。

周文王的老師，曾說出「天下非一人之天下，乃天下之天下也」的姜太公姜子牙；越王勾踐的軍師，滅吳之後深知「飛鳥盡，良弓藏；狡兔死，走狗烹」，立馬帶著西施走人去做生意的范蠡；以「忠言逆耳利於行，毒藥苦口利於病」勸老闆劉邦不要得意忘形的張良；千古名相諸葛亮在《誡子書》裡這兩句：「非淡泊無以明志，非寧靜無以致遠。」深得我心。

中國的歷史人物裡，智者陣容很堅強。戲劇裡當然也不能缺少智者的運籌帷幄，像是「琅琊榜」裡的麒麟才子梅長蘇、「偽裝者」裡的大哥明樓、「老九門」裡的解九爺、「羋月傳」裡的羋月、「楚喬傳」男主角宇文玥、「那年花開月正圓」剛正不阿的趙白石、「最佳利益」女主角方筝……，都屬於智者原型。

一般對於智者的理解，是「有智慧的人」。什麼是「智慧」？師範大學已故哲學家馮契教授，在晚年用文言文寫了一

本《智慧說》，書裡頭說：「智，法用也；慧，明道也。」

智，就是格物致知，就是科學，是明辨事物的能力；慧，就是了解宇宙運行的規律，掌握安頓身心的真理。

有了這個基礎，就可以來認識智者這個原型的特質了。

性格特質

1. 明察秋毫、追根究柢

洞察力是智者與生俱來的天賦，他們不但對人事物有很高的敏感度，還會像名偵探柯南一般搜尋事物表面之下的真相，像哲學家一樣，探究隱藏在宇宙間萬事萬物複雜脈絡背後的道理。見微知著、一葉知秋、胸有成竹，都是智者原型的職業病。

觀察、提問和思考，是智者最愛做的三件事，這三件事做多了、做久了，腦神經元不斷地連結再連結，腦袋自然好使，所以平時能運籌帷幄於千里之外，遇到危難時也能急中生智。

2. 理性冷靜、從容淡定

智者是所有原型中最理智的，凡事冷靜地蒐集資料、審慎地思考，嚴謹地推導出合理的結論，研擬出適合的策略和計畫。情緒變化很大、習慣感情用事的人，沒辦法勝任這些事。

一個能明辨真偽，又能通曉原理、原則的人，自然容易打破幻象，掌握事物真正的本質。所有虛幻、包裝過的東西都影響不了他，這使得智者的內在擁有安定的品質，表現在行為上，就是一派從容、淡定。因此，男性智者的形象通常溫文儒雅，女性智者則是氣質優雅，不論男女，都有著靜定、沉著、雅致的特質。

3. 大局為重、冷血無情

理性的人相對比較沒有同理心，智者在其他原型眼中是挺無情的，他們可能是嚴格的父母或老師、冷漠的朋友、冷血的老闆、犀利的評審……，總之，相處起來感覺不到什麼溫度，甚至壓力很大。

智者在做選擇時，通常會以大局為重，壓抑個人的情感，或者犧牲眼前的蠅頭小利，來成就大目標。網路上流傳一個故事：香港藝人吳孟達在破產時，曾經去找好友周潤發借錢，沒想到被拒絕了，吳孟達只得到了「你自己解決」這冷冷的 5 個字，吳孟達曾上談話性節目講起這段往事，坦承一度因為不諒解，非常痛恨周潤發。

就在吳孟達意志消沉的時候，突然有導演邀請他參加演出電影，受寵若驚的他，決心盡力演好每一個角色。最後終於還清了債務，還獲得香港金像獎最佳男配角。頒獎晚會之後，這

些導演來到吳孟達身邊說：「其實我們用你，是因為周潤發極力推薦，你要感謝的人應該是他」。

吳孟達恍然大悟，痛哭道歉。周潤發說：「如果當時我借錢給你，實際上就是害了你，你既不會戒賭，也不會真正站起來。」智者的苦心，常常隱藏在他的計畫裡。

不惜背黑鍋讓目的達成

看不出智者苦心的人，就會誤解他們，偏偏智者只在乎目標被達成，不在乎人家誤解，或者他們知道一旦解釋計畫就會破功，只能忍住不說，所以背黑鍋也是智者的家常便飯。

丑角性格特質

戴著面具遊戲人間的智者

有一句話叫「無丑不成戲」，一齣戲劇裡如果沒有「丑角」，肯定不好看。丑角，是戲劇裡性格滑稽、喜感十足，專門負責插科打諢，緩和緊張、化解嚴肅氣氛的重要角色。

丑角的搞笑，不是天真者那種傻傻、萌萌，在不經意之間製造出來的可愛笑點。天真者其實搞不清楚自己做了什麼讓人發笑，但丑角是用幽默、嬉鬧的方式來「講真話」，丑角知道他講什麼、怎麼講，會讓人發笑，而且不會對他動怒。

在我看來，丑角是戴著面具的智者，他們嬉笑著說出其他角色不敢表達的感情、不敢承認的錯誤、不敢面對的真相、不敢降伏的心魔。

周星馳電影「鹿鼎記」裡的韋小寶、「唐伯虎點秋香」的石榴姊、「功夫」裡的包租婆，還有「就算殺了一個我，還有千千萬萬個我」的漿爆；電視劇「老九門」裡的八爺、「外科風雲」裡的陳紹聰、「楚喬傳」裡的大梁太子蕭策、「那年花開月正圓」女主角周瑩的養父周老四；綜藝節目裡深受觀眾喜愛的羅志祥（男扮女裝化身朱碧石）、岳雲鵬（小岳岳）、王祖藍（撿漏王）、天才陳赫、賈玲、謝娜、歐弟……，都是很

稱職的丑角人物設定。

性格特質

　　一個戲班裡，丑角的地位最高。傳說唐玄宗喜歡演戲，他親自下場演戲時扮演的就是丑角，所以被後世尊為中國戲劇界的祖師爺。也因為這個傳說，在傳統劇團裡，團長大多是由飾演丑角的人擔任，中國戲曲學院第一任院長就是名丑蕭長華先生；明華園八大子團之一的「日字戲劇團」，則是由「台灣第一丑角」陳勝在先生擔任團長。

　　還有，戲班裡的道具箱其他人不能隨便坐，就只有丑角演員可以坐；在後台化妝時，丑角要先畫第一筆，其他演員才能開始上粉著墨。丑角這個讓外行人喜愛、內行人尊敬的角色原型，有哪些特色呢？

1. 輕鬆幽默、自娛娛人

　　物理學家史蒂芬・霍金（Stephen Hawking）說過：「生活如果缺少了趣味，就是一場悲劇。」一個總是正經八百、嚴肅看待人事物的人，是不會有幽默這個特質的，這樣的人俗稱「句點王」，他們活得很「緊」，活得不夠放鬆，不但給自己很多框架和限制，也讓身邊的人倍感壓力。

丑角的放鬆，跟天真者「搞不清楚狀況」不同。丑角的放鬆，來自於他的自信。一個人唯有在足夠放鬆的狀態下，才能靈活、有彈性，遇到衝突或尷尬的情況時，也才能快速反應，舉重若輕、四兩撥千金，幽默地把衝突、尷尬化解掉。丑角不但自己好笑、會製造笑料逗大家笑，也開得起玩笑，能接受別人把他當作娛樂對象。莎士比亞很尊敬擁有自娛娛人能力的丑角，說「這是一種和聰明人的藝術一樣艱難的工作」。

2. 通透豁達、說出真話

在古代宮廷裡，王者身邊有兩個非常重要的角色，一個是智者，也就是宰相，另一個就是丑角（又叫做弄臣）。弄臣的主要工作是娛樂國王，也就是要寶逗國王開心，為國王解悶。國王日理萬機，晚上還有後宮等著擺平，壓力太大了，非常需要放鬆，娛樂國王正是弄臣這個「丑角」的強項。

宰相和弄臣有一個共同的任務 —— 幫國王蒐集情報，但他們蒐集情報的方式不同。宰相會光明正大找人來問，為重要的決策做市場調查，大家也都正經八百地回答問題、給予建議；弄臣（丑角）不一樣，一來他是皇上身邊的人，二來手上並沒有握著實權，宮廷內外有什麼八卦、小道消息，反而先流到他這兒來，國王參酌宰相、弄臣提供的不同面向情報，更容易做出正確的決策。

　　弄臣雖然沒有生殺大權，但被國王賦予一個特權：「能直言犯上，勸諫王者傲慢自大的危險，並藉著打破陳規、宣洩被禁止的創見、行為、情感，使國境內得以保持平衡。」弄臣是宮廷中唯一享有言論自由的人。

　　司馬遷在《史記》裡特別寫了《滑稽列傳》，並在《太史公自序》中認為俳優（也就是弄臣）「不流世俗，不爭勢利，上下無所凝滯，人莫之害，以道之用」，故而談言微中（說話微妙又切中要害）、談笑諷諫，用幽默談笑的方式來諷刺時事、勸諫皇帝。丑角以他的通透豁達，讓忠言不逆耳，反而比較容易被採納。

　　這樣的傳統延續到戲劇裡，更顯出丑角這個原型的重要性。像《紅樓夢》裡的劉姥姥，就是重要丑角。劉姥姥雖然是個鄉下老嫗，但她其實很懂人情世故，進了大觀園就把賈母哄

人生快樂之道

高層次的丑角沒有心機、沒有曲解，也沒有自我中心意識，就是單純地信任宇宙的大能、輕鬆地遊戲人生，品味生命中所有的愉悅，這就是天人合一，就是快樂之道。

得樂呵呵，還因此得了不少賞賜。

追劇的時候，我最期待的不是英雄破關，而是丑角出來串場的橋段。當劇情焦著、發生衝突，主角們精神緊繃時，丑角就會跳出來說幾句沒人敢說的真話，製造笑點，肅殺的氣氛一下子輕鬆起來，連背景音樂也會換成比較輕快的，讓觀眾可以喘口氣再繼續看下去。這些神來一筆的精采片段，都是讓人回味無窮、想重看好幾遍的紓壓良伴。

3. 創意無限、遊戲人生

我前面講梟雄原型，說他們是敢於打破規則、規範的人；丑角也善於打破，不過丑角打破的不是規則，而是框架和傳統。丑角懂得在規則裡靈活地玩創意、創造歡樂。

丑角是 9 大原型裡的「哏王」，他們有意識的活在當下，選擇及時行樂。丑角沒有限制性思考，在戲劇裡，丑角常常用他們的創意思考幫主角巧妙地繞過障礙。

我觀察好幾位丑角原型的藝人，他們與人交談時的「接球」功力非常厲害，很常用的一個方法叫做「yes, and...」，不管對方說什麼，特別是說了反對意見的時候，他們都會先接住（肯定，即 yes）對方的話，再用「and」來表達自己的想法，這跟大部分人會先用否定句型去回應反對意見，然後雙方陷入無止境的辯論很不一樣，非常高明。

情人性格特質

滋養生命的柔軟與親密

　　愛情的神祕，唯有體驗過的人才知道，即便是體驗過，也未必能說得清楚。「情人」這個原型特別之處，就是它不是一個能完全用理性、邏輯去理解的原型。電影「愛的萬物論」有一句經典台詞：「愛，能癒合那些邏輯或理由所不能的。」是的！如果用理性、邏輯來分析愛情，你會發現根本是緣木求魚。

　　不管是在真實生活，還是在戲劇中，情人都不會是某個角色的唯一原型，情人這個原型多半是其他原型走到了生命某個階段，遇到了喜歡的人，才發展出來的原型。最常見的是英雄原型角色，在克服萬難的過程中，遇到了他鍾情的對象而墜入愛河、發展出動人的愛情故事。

　　歷史上、戲劇裡，你印象中情人原型比較突出的人物有哪些呢？

　　寫出「願得一心人，白頭不相離」的西漢才女卓文君、以「不愛江山愛美人」聞名於世的溫莎公爵、「春宵苦短日高起，從此君王不早朝」的唐明皇和楊貴妃、三國周瑜的夫人小喬、「步步驚心」裡一直默默守在若曦身邊的十四爺、「後宮

甄嬛傳」裡的果郡王、「老九門」裡的二月紅和丫頭、「那年花開月正圓」裡的國民老公吳聘、「延禧攻略」裡溫婉的富察皇后……，你看看，情人原型的陣容，信手拈來多麼壯觀！

 性 格 特 質

1. 柔情似水、溫軟如棉

在愛的面前，每個人都會變得柔軟、溫暖。即使是莽漢、潑婦，只要喜歡的人一出現在面前，一定會立刻變身，把自己溫柔的一面呈現出來。

情人的第一個特質，就是能用像流水一般源源不絕的愛，以及柔軟的姿態來付出感情、表達感情。這樣的方式，看似沒有力道，卻能融化冰塊臉霸道總裁、征服百毒不侵的高冷氣質女，這就是老子在《道德經》所說的「柔弱勝剛強」，這種能力在現代社會稱為「軟實力」。

另外，稱職的情人在處理關係時，也會溫柔得像棉花一樣，用愛包圍、影響他愛的人。有個小故事：一個小男孩養了隻烏龜，他想盡辦法要烏龜探出頭來，可這烏龜卻如如不動。任憑他怎麼敲、怎麼拍，烏龜動也不動，氣得他一把抓起來，想直接把烏龜往地上摔。

還好被他爸爸擋了下來，爸爸幫他把烏龜放到一個暖爐

上，不一會兒，烏龜熱了，慢慢地把頭、腳伸出殼外。爸爸對男孩說：「當你想要別人照你的意思去做時，不要用教訓、攻擊的方式，硬來是不會有效果的；而是要溫柔地對待、傾聽、讓對方覺得你懂他，這樣對方比較能接受。」

愛情的王國不用刀劍來統治。柔軟，可以說是情人原型的必殺技，可以讓百煉鋼變成繞指柔。

2. 忠誠專一、細膩敏感

情人眼裡雖然出西施，卻容不下一粒沙子。世俗的愛，是透過占有來證明的。人在談戀愛的時候，就像得失心瘋一樣，變得細膩又敏感，女友只是在櫥窗前多站了幾分鐘，櫥窗裡那個名牌包就會變成驚喜的生日禮物；男友只不過多滑了幾分鐘手機，就必須趁他不注意時，檢查手機裡的通訊軟體有沒有曖

愛自己也懂得愛別人

高層次的情人原型，成功整合內在的陰陽特質，不但全然地愛自己，也能夠自由地愛他所愛，而不會有依附、執著的負能量，因為對他來說，已經能自由地愛與被愛。

昧對象。

　　忠誠、專一是情人原型的本能，也是情人原型的自我要求，不必信誓旦旦、隨時抽考；如果其中一方不愛了，失去愛的痛苦、放手還是不放手的掙扎，都是情人這個原型必須經過的試煉。

3. 完整圓融、無怨無悔

　　每個原型都有層次之分，情人原型發展到極致，會讓人成為一個完整、圓融的存在。張愛玲說：「一個人在戀愛時，最能表現出天性中崇高的品質。」美國電影「手札情緣」原著小說作家尼可拉斯‧史派克（Nicholas Sparks）也說：「最好的愛能喚醒靈魂；使我們不斷追尋成長，點燃我們心中的火焰，也為我們的心靈帶來平靜。」

　　高層次的情人原型通過愛的種種考驗與試煉，成功整合了內在的陰陽特質，不但全然地愛自己，也能夠自由地愛他所愛，而不會有依附、執著的負能量，因為對他來說，愛已不再缺乏，已經有能力保有自己並且自由地愛與被愛，就像「楚喬傳」裡那位大梁太子蕭策，在劇情發展到後期的時候，能夠沒有罣礙地成全他深愛的楚喬和情敵宇文玥。

照顧者性格特質

守在燈火闌珊處的溫暖身影

「照顧者」和前一個單元講的情人原型一樣，多半是其他原型走到了生命某個階段，有了想要照顧的人才發展出來的原型，通常從擔任教導、治療、幫忙或照顧的角色開始，逐漸發展出照顧者的特質。

因此，純粹的照顧者很少見，而是「英雄＋照顧者」、「智者＋照顧者」或「情人＋照顧者」這樣的複合型角色會比較多。照顧者原型在戲劇裡常見的照顧對象和扮演的角色有哪些呢？我來舉例說明一下：

（1）照顧小孩。「長江七號」裡周星馳飾演的民工爸爸、「勝者為王」裡金士傑飾演的深情老爸、台灣偶像劇「我可能不會愛你」裡女主角程又青的媽媽等。

（2）照顧弟弟妹妹，特別是長姊如母的大姊、大嫂角色。像「喬家大院」喬致庸的大嫂曹月枝、「偽裝者」裡的明家大姊明鏡等。

（3）照顧主子。出現在「雍正王朝」、「康熙王朝」、「鎖心玉」、「步步驚心」裡的大內總管李德全、「步步驚心」裡和若曦情同姊妹的侍女巧慧、「那年花開月正圓」裡周盈的丫

嬛春杏等。

（4）照顧爸媽、長輩、恩人、病患。電影「桃姊」裡飾劉德華飾演的 Roger、「外科風雲」裡獨自照顧生病母親的護理師楊羽、「瑯琊榜」盡心醫治照護梅長蘇身體的瑯琊閣少閣主藺晨等。

（5）照顧眾生，比方《西遊記》裡的唐僧。

性格特質

1. 暖心關懷、體貼入微

照顧者原型最典型的形象就是父母，給予孩子很多愛和無微不至的照顧；其次是像街坊大媽、鄰居阿姨這種古道熱腸的女性，會主動關心別人，很願意對別人伸出援手，她們平時會來串串門子、噓寒問暖，臨時請她們看一下小孩，或者借個薑、蒜、醬油，也都樂意幫忙。

男人一般則是在想要保護心愛的女人、家庭或組織時，才開始讓性格裡這些溫暖、關懷的特質發展，並且學習讓內在感情流動，雖然可能還是不擅長表達，但是從他們體貼的行為，還是可以讀到很多暖心的訊息。

著名文學家朱自清筆下「那肥胖的，青布棉袍，黑布馬褂的（父親）背影」、電影「勝者為王」裡金士傑那一段「因為

我是她的父親，她在我這裡，只能幸福，別的都不行。」的獨白，都是照顧者原型讓人動容的表現。

2. 悲天憫人、犧牲奉獻

照顧者原型是 9 大原型中，同理心最強的一種原型。他們特別能悲憫別人的痛苦，也很願意免除他人的痛苦，而免除別人痛苦的方式是犧牲與奉獻，選擇以自己的方式承擔所有痛苦。

照顧者原型把照顧別人，看得比自己的利益重要。比方有些媽媽會選擇放棄工作，專心在家帶孩子，問她這樣犧牲值得嗎？她會告訴你，這幾年全心全意陪伴、教導孩子，是為孩子的一生打下良好基礎，工作再找就有，孩子的成長只有一次，不能重來，當然值得！

自我價值的最高表現

擔任教導、治療、幫忙或照顧的角色，照顧者原型把照顧別人，看得比自己的利益重要，對於高層次的照顧者來說，照顧別人不是因為自覺沒有價值，而是因為照顧別人是自我價值的最高表現。

對於高層次的照顧者來說，照顧別人不是因為自覺沒有價值，而是因為照顧別人是自我價值的最高表現。

3. 恩威並施、教化他人

沒有誰能照顧誰一輩子，照顧者原型除了提供日常生活照顧，還必須「教導」被照顧者，讓被照顧者有獨立的能力。因此照顧者還有一個功能，叫作「教練」。

如果照顧者只做照顧的工作而不做教導的工作，他會累死，而且會無意中造成縱容，害了那個被照顧者。就像忽略訓練孩子獨立的爸媽，默許了孩子在成年後變成啃老族；而醫護人員在治療、照顧病患的過程中，也必須鼓勵、訓練病患做好復健工作，以便出院後能夠回到正常生活。

這些教導的責任其實很重，所以高層次的照顧者原型同時擁有父親和母親的特質，既威嚴又慈愛，懂得恩威並施，教導、感化被照顧者，讓被照顧者愈來愈好，直到獨立。

王者性格特質

自我發展的最高境界

在聲音 9 大原型裡，我個人最喜歡的是「王者」原型。王者的養成過程，就是《禮記・大學》篇裡所講「內聖外王」的順序。「內聖」是修身的方法，修身有哪些功課呢？修身有 4 個功課，分別是格物、致知、誠意、正心。「外王」則是修身之後的實踐與應用，修身是修來做什麼的呢？就是要齊家、治國、平天下。

人類是群居的生物，從家庭、學校到社會，不可能不和其他人互動。所以人和人的相處，是生命中最重要的、每天都要面臨的挑戰。人與人相處，最高的層次是「領導」。也許有人會說，人與人相處，最高的層次是「奉獻」。這樣講也沒錯，領導基本上就是奉獻，因為領導人肩上扛的是責任 —— 奉獻自己的時間、精神、各種資源，讓大家變得更好的責任。

這個領導人，扛的可能是經營好一個家庭、一個團體、一個組織的責任，也可能扛的是治理一家公司、一個國家的責任。責任不分大小，總之，是除了自己以外，也要能關心、照顧到其他人。

沒有人一生出來就具備了王者的修養和條件，大部分王者

都是從英雄、梟雄、智者慢慢修練、升級上去的。

古今中外的歷史上、戲劇裡，你認為的王者有誰呢？堯、舜、禹、周文王、周武王、漢高祖劉邦、蜀漢劉備、東吳孫權、唐太宗李世民、康熙、雍正、乾隆、馬其頓帝國的亞歷山大大帝、《魔戒》裡的亞拉岡、英國電影「王者之聲：宣戰時刻」裡的喬治六世……，是大家比較熟悉的王者角色。

電視劇裡的王者原型，我印象比較深刻的有「那年花開月正圓」裡接掌吳家東院之後的周瑩、「皓鑭傳」裡的嬴異人（子楚），另外「鬼吹燈之怒晴湘西」的卸領魁首陳玉樓，飾演者潘粵明不論在演技或聲音表現上，都有王者風範。

性格特質

1. 胸懷大志、深謀遠慮

這個特質結合了英雄與智者原型的優點，也說明了王者領導魅力的起手式就是能動能靜、智勇雙全。王者不能是個安於現狀的懶人，必須務實地為想領導、想保護的人多想一點。他所設定的目標，不是個人的目標，而是想把大家帶到哪裡去、過上什麼樣的生活。管理眾人之事，叫政治。

政治要考慮的事情就多了，王者要思考的層面涵蓋軍事、經濟、內政、外交、教育、文化……，他要有遠見、有目標，

還要有達成目標的智慧和謀略，而且也要懂得平衡自己與他人間的利益，肩膀上扛的責任重，人也得穩重，因此王者這個原型行事風格沉穩、喜怒不形於色。

2. 慈悲敦厚、寬大包容

王者在經營、治理上雖然不乏霹靂手段，但內心卻是慈悲的，不慈悲的人，成不了王者。什麼是慈悲？「慈」是「與樂」，就是能跟臣民同樂，王者是屬於人民的，不能總是高高在上，宅在宮殿裡，必須走進人群，了解人民的需求、體驗庶民的小確幸；「悲」是「拔苦」，就是要有能力拔除人民的痛苦，讓人民過上快樂的生活。

一個慈悲的王者，不但待人溫和、寬厚，也會想辦法減少人與人之間的衝突，或者降低衝突的規模。他心裡很清楚，今

王者知人善用的智慧

慈悲的王者，不但待人溫和，也會想辦法減少人與人之間的衝突，或降低衝突規模。在用人智慧上，思考模式不是非黑即白的傻瓜選擇，能看出每個人的強項，把所有人放在適合的位置。

天如果甲贏了乙，改天乙必然變成甲的敵人來反擊，甲也得不到好處。成天打來打去，哪來的時間好好過日子？和平是所有王者追求的重要目標，王者必須先成為能容納百川的大海，包容各種人，才能讓各種聲音有公平的機會發言，以及被傾聽。這樣的包容力，是和平的基礎，也是吸納各方人才的磁石。

　　王者的包容，還體現在用人的智慧上頭。「步步驚心」裡康熙皇帝曾說過一段話：「一盆被玷汙了的水，雖然我們不能再飲用，但還可以拿來澆花種菜，不需要將它倒掉。」真正的王者，高視闊步、氣度恢弘，思考模式不是非黑即白的傻瓜選擇，而是能看出每個人的強項，把所有人放在適合的位置。

3. 內外合一、平靜和諧

　　王者的工作是維持國境內的和平秩序及繁榮富足，這表示王者必須維運起一個健全的經濟體系，並且用良好的法律體制來保護，以促進個人與群體的發展，讓人力及物力等各項資源充分被運用。

　　要做好如此複雜的工作，不能只靠精明的頭腦，還得靠平靜的內在。王者很清楚「萬法由心造」，他首先要負起的責任，就是修練自己的心。當修練到內在想法與外在行為合而為一，沒有拉扯、分裂時，才有機會藉著「平靜和諧的內在，開創一個安寧和諧的外在世界。」

3 分鐘重點學習

　　把 9 種原型視為自己體內的 9 種力量，藉由深刻的理解，讓它們為己所用，創造人生更多的可能性。

- **天真者**：安於眼下生活，容易滿足、快樂；沒有複雜的心思，在任何場合都能直率地表達意見。不管年紀多大，對世界總是保持高度好奇。

- **凡夫俗子**：安於現狀，不懂得如何設立目標，腦袋有很多限制性思考的固執。能適應各種惡劣環境，守著崗位，成為社會或公司的穩定力量。

- **英雄**：有行動、有本事、有崇高精神，高層次的英雄靠智謀化干戈為玉帛，融合智者與照顧者的特質，往下一個階段，也就是「王者」進化。

- **梟雄**：為達目的不擇手段，在梟雄眼中，打破規則才有機會搶到重新建立規則的權力。充滿野心勃勃、喜怒無常、陰晴不定等特性。

- **智者**：洞察力是與生俱來的天賦，理性冷靜、從容淡定。在其他原型眼中挺無情，然而，其苦心常常隱藏在計畫裡，容易被誤解。

- **丑角**：戴著面具的智者，能嬉笑著說出其他角色不敢表達的感情、不敢承認的錯誤。用創意思考繞過障礙，幽默地化解衝突、尷尬。

- **情人**：以柔軟的姿態付出感情，「柔弱勝剛強」是情人強勁的「軟實力」。忠誠專一、細膩敏感，完整圓融、無怨無悔是獨有特質。

- **照顧者**：很願意用犧牲與奉獻的方式免除別人痛苦，除了提供日常生活照顧，還必須教導被照顧者，因此還有一個功能叫作「教練」。

- **王者**：結合了英雄、智者與照顧者的優點 —— 胸懷大志，深謀遠慮，雖然在經營、治理上不乏霹靂手段，內心卻是慈悲的。

9 大原型聲音的力量

9 大原型聲音各有特色，
找出自己性格的主要原型，
練習在本嗓裡加進其他聲音特質，
順應情境、隨心調動聲音裡的力量，
就能打動人心。

以下 3 個問題，我在教學現場常常會被問到：「我又不是配音員，為什麼要讓聲音有這麼多變化？」、「我不是多重人格，聲音怎麼可能變來變去？」、「模仿那麼多不同聲音說話，我會不會失去自我？」。

不是專業的聲音表演，確實不必變聲。如果知名配音員王瑞芹老師今天用花媽的聲音、明天用韓劇女主角金三順的聲音，後天又變成用蠟筆小新媽媽美冴的聲音跟你講話，你會搞不清楚哪一個聲音才是瑞芹老師本人，而且不知道該不該相信她所講的話，這對雙方都困擾。

所以即便是精通變聲技巧的專業配音員，在聊天、教學、業務洽談等不需要表演的場合，也只會用本嗓（平常說話的聲線）跟人交談。但是，正因為配音員老師們知道如何調整聲音順應情境或塑造情境，往往只需要順應「心流」，就能隨心調動聲音裡的力量，打動人心。

我認為學習聲音最好的路徑，有以下 3 個階段：

（1）找主型，穩住自己的聲音主型。找出自己性格的主要原型，聽聽自己的聲音是否也有這個原型的特質。如果沒有，就先把聲音調整到能呈現出這個主要原型的魅力。這是先穩住自己的聲音主型。

（2）加元素，在聲音主型中加入新的元素。盤點自己比較常遇到的幾種情境會需要哪些原型的力量，開始練習在自己的

本嗓裡面加進這些原型的聲音特質，去創造出更多人聲的可能性。這是在聲音主型中加入新的元素，慢慢打開聲音的彈性。

（3）玩聲音，大量模擬不同原型的聲音。透過大量的換位（換角色）思考，來模擬各個原型的聲音特質，一方面打開聽覺敏感度，去聽戲劇配音、聽親朋好友、同事、名人的聲音；另一方面透過好玩的模仿，拿捏在自己的本嗓加入不同聲音元素的融合度與精準度。

經過這幾個階段的練習，就不必擔心學聲音學到失去自我或人格分裂了，而是主要原型的聲線永遠在，其他原型的聲音力量可以隨心所欲地運用。

9 大原型的層次與分類

我在設計聲音 9 大原型課程時，發現這 9 個原型跟人的成長歷程有關，可分為 4 個層次。

第 1 層：天真者原型

天真者原型代表了人類最初始的狀態，很單純、很純淨，對這個多彩多姿的世界充滿好奇。反璞歸真的老人也會回到天真者原型，當歲月過濾掉性格裡的雜質後，變成可愛的「老小孩」。

天真者原型的聲音呼應了性格裡單純的特質，很純淨、聽

起來沒有心機，甚至帶有幼稚感。如果成人有天真者原型的聲音，社會化程度相對於其他原型來說比較低。

第 2 層：凡夫俗子原型

天真者長大之後，會進入到凡夫俗子原型。凡夫俗子原型代表著天真者已經獨立，變成了一般人。凡夫俗子有能力養活自己，能夠在社會中生存，除此之外，沒有什麼鮮明特色。因此，聽不出特色的聲音都屬於凡夫俗子原型。

聲音沒有特色並沒有不好，我反而認為這樣沒有包袱，可塑性很高。凡夫俗子如果願意自我提升，會進入到以下 3 組性格鮮明的原型。這 3 組原型可說是社會的中堅份子，扛起了人類進化的大部分責任。

第 3 層「行動組」：英雄原型、梟雄原型

行動組裡面有兩個原型：一個是英雄、一個是梟雄。英雄和梟雄共同點是很有企圖心和行動力，差別在於英雄原型是為了保護其他人而戰，梟雄原型是為了一己私利而戰。

英雄原型充滿了突破困難、開創的能量；梟雄原型則是破壞、斷開的能量。這兩種原型的聲音都帶有動能，英雄原型的聲音比較積極、明亮、厚實；梟雄原型的聲音比較黯黑、混濁，帶有滄桑感。

第 3 層「理性組」：智者原型、丑角原型

　　理性組的兩個原型分別是智者和丑角。這兩種原型都是智慧的代表，卻是用反差很大的方式來呈現。智者原型理性、嚴謹、追根究柢，丑角原型則是戴著小丑面具的智者，選擇用遊戲人間的方式來生活。這兩種原型的聲音滿好分辨的，智者原型說起話來很優雅、穩重，而丑角原型就是很搞笑、充滿歡樂的能量。

第 3 層「感性組」：情人原型、照顧者原型

　　這一組是兩個感性的原型——情人、照顧者。這兩個原型都很有愛，情人原型是和萬事萬物親密連結的能量，這個能量

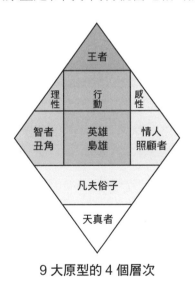

9 大原型的 4 個層次

跟水一樣，看似柔弱，其實非常強大。照顧者原型則是為了被照顧者犧牲、奉獻，充滿了溫暖的陪伴還有引導的能量。情人原型聲音最大的特色就是溫柔，而照顧者原型聲音的最大特色是溫暖，這兩種原型的聲音都非常有人味、有溫度。

這3組風格鮮明的原型再進化，就有機會成為王者原型。

第4層：王者原型

王者原型是整合了其他8個原型優點的終極原型，是一個海納百川的領導者，所以行動、理性、感性這3組能量都需要修練，並且要維持好這些能量的平衡，這要高度夠高、能力夠強的人，才能夠做得到，所以王者之聲，世間少有。

從《三國演義》聽懂9大原型聲音

概略介紹完這9大原型，我想用《三國演義》裡的角色來具體說明。天真者原型是人的最初，也是人的最後，表現出人最初始的依賴，也是人最後反璞歸真的狀態，理性、感性、行動3種能量都弱（低度平衡）。

在《三國演義》裡，張飛是天真者，他不思考、對人也沒有什麼感情，很單純地只聽大哥劉備、二哥關羽的話，說話和行動呈現出「不知天高地厚的任性」，所以聲音裡沒有明顯的思考和感情，配音用「噴口」（爆破音）來表現。不過他畢竟

是個武將，又是屠夫出身，廝殺慣了，必須加入「大聲」和「外放」這兩個聲音元素，來表現「猛」這個特色，而為了表現這個人物的粗曠，「沙啞」的聲音元素能畫龍點睛。

當天真者慢慢成長，會進入到下一個階段，就是凡夫俗子原型。

凡夫俗子代表的是芸芸眾生。眾生偉大之處，在於可以靠自己的能力養活自己，不成為社會的負擔，是社會穩定的力量，獨立、不依賴。凡夫俗子的理性、感性、行動 3 種能量比天真者高一點，是一個中度平衡的狀態。安居樂業，不做非分之想，雖無大志，適應力卻很強。凡夫俗子聲音最大的特色，就是沒什麼特色。這種聲音在配音圈叫「利百代」，在《三國演義》裡，能配的角色可多了，像是市井小民、士兵、家奴、家僕等等。

凡夫俗子再往上走，就進入到行動、理性、感性等 3 組性

塑造出自己想要的聲音

凡夫俗子是社會穩定的力量，「聽不出特色」是凡夫俗子聲音的最大特色。聲音沒特色代表沒有包袱，只要願意學習其他原型的優點，可塑性很高。

格鮮明的原型。

行動組原型：英雄、梟雄

英雄、梟雄充滿行動力，說完了就要接著做，做做看、闖闖看才知道接下來要唱什麼戲，空談、原地踏步會渾身不舒服。他們在情感面的表現比較隱性，藏在恢弘的氣概後面。這兩種原型細微的差別就是英雄會使用光明正大的方式達成目標，梟雄則是為了達成目標不擇手段。

《三國演義》裡的英雄很多，以關羽、趙雲、孫尚香為例，關羽其實是個渾身正氣的宅男，是個內斂的英雄，人不犯我，我不犯人；不跟人家聊天、不會主動表達感情，需要講事情的時候才說話，所以聲音要有底氣，不卑不亢、乾淨、不拖尾音。

趙雲是個帥哥，羅貫中描寫他「身高八尺，姿顏雄偉」，在眾多英雄角色裡比較有想法，因此聲音要扎實、明亮、有質感、語速中偏慢。孫尚香活潑外向又機靈，嫁給劉備之前在家裡就很刁蠻，嫁給劉備之後更為強悍，所以聲音跟小喬、貂蟬又不一樣，要比較外放、有底氣，語速偏快，激動的時候以「突發音」來表現潑辣的感覺。

相對於英雄，曹操和呂布就是梟雄了。曹操是野心勃勃、老謀深算的梟雄，在聲音表現上需要霸氣中帶有一點邪氣和滄

桑感,語速慢,菸嗓最好。呂布是個小梟雄,雖然驍勇善戰,卻有勇無謀、勢利多變,說話方式跟張飛類似,但畢竟是個高頭大馬的帥哥,氣勢要比張飛強,聲音要比較漂亮,表現出自我感覺非常良好那種目中無人的霸氣。

理性組原型:智者、丑角

不管是足智多謀的智者,還是遊戲人間的丑角,說話大量使用「頭腦」,也就是理智的能量,行動力相對於英雄、梟雄來說比較弱,不太受到情感的驅動,也比較少對人、事、物投入感情。

在《三國演義》裡,諸葛亮、周瑜、貂蟬屬於智者。諸葛亮不用多說,羽扇綸巾、千古名相的睿智形象深植人心;周瑜是文武雙全、顏值又高的智者;貂蟬是王允派去董卓身邊的特務,特務如果不夠聰明機警會害死自己人,所她是智者偽裝成情人原型執行任務。

在配音時,諸葛亮的聲音要文氣、嚴謹、內斂,帶點憂國憂民的陰鬱感;周瑜的聲音要同時帶有文氣和英雄氣,要比諸葛亮來得陽光、開朗;貂蟬的聲音要平穩、堅定、適當的女人味,如果聲音太過柔媚,就會配成青樓女子。

《三國演義》裡的人物很多,卻沒有丑角特質明顯的角色。在京劇名段〈蔣幹盜書〉裡面,蔣幹被設定為「文丑」,

勉強軋一個丑角。他自作聰明想說服周瑜投降曹營，卻中了周瑜的反間計，害死了蔡瑁和張允。嚴格來說，蔣幹是等級很低的智者，在周瑜的智商輾壓下，顯得他像個小丑似的，變成大家的笑柄。在羅貫中筆下，蔣幹比較偏心理學家榮格說的「弄臣」原型，而不是我在聲音 9 大原型裡的丑角原型。要幫蔣幹配音，不太好配，這個角色的聲音要比較虛，卻又要有虛張聲勢的效果。

感性組原型：情人、照顧者

感性組的原型角色說話大量使用「心」的能量，較少思考與算計，行動力也不強，他們通常只為了伴侶或被照顧者而行動。

在《三國演義》裡，小喬是情人原型，她眼裡只有周瑜，在聲音表現上，要比貂蟬柔軟、嬌弱、甜美，帶更多感情。但小喬的嬌弱不是呆萌，聲音只要有任何一點呆萌感，就會把小喬配成傻白甜的天真者了。

感性組的另外一個原型是照顧者，《三國演義》裡的照顧者通常都是老人家，像貂蟬的義父王允、孫權的媽媽吳國太，基本上只要氣音較多、說話速度較慢即可掌握，聲音表現差別在於王允執念比較強、身體比較弱，吳國太則是生活富裕、有貴氣，至少在吳國是母儀天下之感。

最後，第 9 種原型，就是最高級的王者。王者是理性、感性、行動 3 種能量在體內統合得非常好的一個原型，不但理性、感性、行動 3 種能量都很強，而且保持高度平衡，這也就是所謂的「王者風範」。在《三國演義》裡，劉備和孫權都是典型的王者，配出來的聲音要有貴氣、有底氣、不軟不硬、不卑不亢、不疾不徐，積極中帶有謙卑，謙卑中代有寬容，寬容中不失威儀。

認識了 9 大原型的性格特質之後，就可以準備打開耳朵，來聆聽、分析、欣賞它們的聲音，好好吸收它們聲音裡的力量了。

除了凡夫俗子原型之外，為了方便理解與記憶，其他 8 種原型我都會用 3 個關鍵字來說明該原型的聲音特質，我會在說明文字後面放上參考用的戲劇和角色名稱，你可以把這些戲劇找來看，聽聽演員或配音員如何用聲音塑造人物，你會更有感覺、更能意會。如果你也有看其他（不在本書舉例範圍內）戲劇、電影，能看出劇中的角色主要原型，也歡迎你到我的臉書粉絲頁「聲音訓練專家周震宇」留言讓我知道。

天真者聲音的力量

活在當下的不費力

天真者這個原型的聲音，和凡夫俗子原型的聲音一樣，聽不出理性、感性或行動哪一個感覺比較明顯，不過還是可以從以下 3 個元素聽出天真者的特質。

 聲音特質

1. 純

純，就是乾淨、純粹，沒有雜質。天真者的聲音很乾淨，「小天真者」的聲音宛如幼童般乾淨、通透；「老天真者」則是用自身修為過濾掉一切矯飾之後的天然、純粹。

天真者的聲音，是一個人還沒有社會化、或者社會化不足的聲音。聲音裡只要摻入其他原型的特色，就不會乾淨、單純，因為其他原型都已經社會化，一旦跳進了社會這個大染缸裡，就很難回到人最開始、最天真的狀態了。

這樣的乾淨、純粹，完全假裝不來。其他原型想假裝成天真者，立馬聽得出矯情，不舒服。因為天真者原型說話不費力，其他原型一有「假裝」的念頭，說話就會變成一件很費力

的事，你完全能聽出他想假裝天真者、又裝不像的尷尬。

　　優秀的演員、配音員在詮釋天真者原型的時候，會進入那個角色，把自己「變」成天真者，而不是「演」天真者。

　　戲劇參考角色：「還珠格格」小燕子（趙薇飾演）、「杉杉來了」薛杉杉（趙麗穎飾演）。

2. 直

　　直，就是率直、直通通，有話直說。直通通在聲音上要怎麼表現呢？很簡單，四個字：隨心所欲。

　　天真者的內在感情是流動的，聲音會很自然地隨著情緒的喜、怒、哀、樂、高低起伏變化。開心的時候聲音就很嗨、發現有趣的事物就驚呼連連、生氣時就帶著怒氣說話、難過沮喪時就用哭腔……，不思考、不假裝、不壓抑、不隱藏。

　　戲劇參考角色：「步步驚心」十爺（葉祖新飾演）、「琅琊榜」飛流（吳磊飾演）、「楚喬傳」左寶倉（王星瀚飾演）。

3. 萌

　　萌，就是稚嫩、就是可愛。要萌得讓人不討厭，必須是「天然萌」，不能是「賣萌」。只要起心動念有一點想要賣萌的意圖，肯定就失去了天真者的本質，不是天然萌了。一般是女生的聲音才有萌這個特質，通常鼻腔共鳴，音域偏高，單字

音發得比較長，就會有甜甜的、萌的感覺，也有人稱這叫「娃娃音」。

不過，萌跟「嗲」不一樣，聲音萌，代表意圖單純；聲音嗲，通常意圖就不單純了，電影「撒嬌女人最好命」裡隋棠飾演的蓓蓓、謝依霖飾演的阮美，都有很經典的示範。剛才說的鼻腔共鳴，音域偏高，單字音發得比較長，如果再加上整句話的速度比較慢，每句話的尾音稍微拖一下，然後用氣音收尾，萌就變成嗲了。戲劇裡青樓女子攬客、撒嬌的戲，聲音會用嗲來表現，而不是天真者的萌。

戲劇參考角色：「無敵珊寶妹」胡珊寶（郭采潔飾演）、「延禧攻略」吉祥（張譯分飾演）。

你的聲音屬於天真者原型嗎？或者你身邊就有天真者呢？如果沒有，可以多找機會跟 5 歲以下的小孩相處，當你能聽出他們聲音裡完完全全「活在當下」，不為往事懊悔、不為未來煩惱，也不擔心有人要算計的那種「不費力」，會知道眾人眼裡的傻白甜，在人世間是多麼珍貴的存在。

凡夫俗子聲音的力量

市井小民的適應力

　　凡夫俗子原型的聲音，理性、感性、行動 3 種能量雖然都不明顯，至少比天真者原型高一點，是一個中度平衡的狀態。白話一點來說，就是性格沒什麼特色，聲音也沒什麼特色。

聲音特質

　　真要說凡夫俗子的聲音有什麼特色，我想比較明顯的一個特色就是「渾」。

　　聲音渾渾的、朦朦朧朧、不清朗，好像被蒙了一層布，或悶在鍋子裡一樣，沒有仔細去聽，是聽不清楚的。這樣的聲音，也會呈現出一種淳樸的感覺，不會給人高端、大器的壓力。當然，口齒不清、辭不達義、邏輯不通也都是渾的表現。

　　凡夫俗子原型在 9 大原型中最接地氣，凡夫俗子就是我們身邊的有情眾生，展現了平凡的美好與煩惱。平凡或不平凡，都是選擇，每個人手上都握有百分百的選擇權。我喜歡海爾集團總裁張瑞敏勉勵公司同仁的話，她說：「把每一件簡單的事做好就是不簡單，把每一件平凡的事做好就是不平凡。」

人，不會永遠是凡夫俗子，只要願意學習其他原型的優點，勇敢跳出舒適圈，就有機會踏上屬於自己的英雄旅程，收穫幸福與成功。

戲劇參考角色：「俗女養成記」陳嘉玲（謝盈萱飾演）、「辣媽正傳」元寶（張譯飾演）、「最佳利益」林學睿（楊銘威飾演）。

英雄聲音的力量

捨我其誰的行動力

英雄這個原型屬於行動組，聽起來比較積極、外放、剛強、有力量，你先記得這個大原則。接下來，我想教你更細膩地去聽英雄這個原型的聲音特色。

聲音特質

1. 定

定，穩定、堅定、肯定。英雄說話多用下腹部的力量，呼吸深沉，一口氣吸進去，就往下腹部走，讓空氣填滿肺部之後再說話。說話時，用下腹部肌肉的力量把氣往上推，經過胸腔共鳴，再從口腔送出去，這樣的說話方式，就叫做「有底氣」。

因為呼吸深沉而且均勻，英雄的聲音不會忽強忽弱、忽上忽下、忽高忽低，而是在堅若磐石的基調上，穩穩地、好好地說每一句話。

戲劇參考角色：「我們與惡的距離」王赦（吳慷仁飾演）、「紫色大稻埕」蔣渭水（莊凱勛飾演）、「老九門」張啟山（陳

偉霆飾演）、「偽裝者」明誠（王凱飾演）、「烈火軍校」沈君山（李程彬飾演）。

2. 勢

英雄的氣要飽滿，要氣吞山河，而不是氣若游絲。而且說話時要用胸膛把這股「英雄氣」維持住，用下腹部的力量把聲音自然地往外推。注意了，把氣維持住，跟把氣憋住是完全不一樣的。把氣維持在胸口，是吸飽氣，暫時讓氣充滿於肺部，胸膛是挺的，氣息的通道維持暢通，隨時可以把話往外送出去；把而憋氣則是屏住呼吸，無法自然地運用飽滿的氣息把聲音往外推，無法呈現英雄氣概。

戲劇參考角色：「瑯琊榜」蒙摯（陳龍飾演）、「外科風雲」陸晨曦（白百合飾演）、「那年花開月正圓」當家之前的周瑩（孫儷飾演）。

3. 力

「膽力過人」既然是英雄的條件之一，那麼英雄的聲音自然不能軟弱無力。聲音和胸膛都是往前挺的，表現出勇於承擔的魄力。既然是個有目標的人，講話嘴皮子絕對不能鬆，要認真地把字字句句講清楚。

戲劇參考角色：「最佳利益」方箏（天心飾演）、「延禧攻

略」魏瓔珞（吳謹言飾演）、「烈火軍校」呂中忻（林佑威飾演）。

可能有人會問：「英雄說話難道不需要大聲嗎？說話速度不需要快嗎？」我想這是個刻板印象所帶來的誤會。英雄說話不會「拖」，但也不是快和急。英雄說話可以快，但不能出現自亂陣腳、慌慌張張的急迫感。

英雄不是都像三國張飛那樣粗手粗腳、像個急驚風似的，好像隨時都要跟人打架。當角色的個性被設定為「有勇無謀」的莽夫時，才需要用大聲或連珠炮的語速去表現。

氣吞山河的英雄之聲

英雄說話不需要大聲，而是氣要飽滿，要氣吞山河，說話時用胸膛把「英雄氣」維持住，用下腹部的力量把聲音自然地往外推，就能呈現英雄氣概。注意了，把氣維持住，跟把氣憋住完全不一樣。

梟雄聲音的力量

打破陳規的魄力

梟雄這個原型的聲音，跟英雄原型一樣屬於行動組，也很有力道。不過英雄的聲音明亮，讓人聽了安心，可以給人「助力」；梟雄的聲音黯黑，讓人聽了害怕，帶給別人的是「壓力」。

梟雄的聲音感覺比較負面，為什麼還要分析、還要學呢？先別急，每一種原型的聲音在生活中都有好用之處。

聲音特質

1. 燥

燥，乾燥，跟圓潤相反。獅子、老虎、西藏獒犬……，這些兇猛的野獸，聲音都不圓潤，梟雄作為一個兇猛的角色原型，聲音自然要跟野獸很像，才能顯出渾身戾氣、桀驁不馴。

燥，是缺乏水分，喉嚨很乾，沙啞沙啞的，聲線聽起來像竹掃把分岔一樣，俗稱「菸嗓」。這樣的聲音具有獨特的滄桑感，忠實地呈現出梟雄不平靜的過往經歷，以及內心長期的拉扯與焦躁不安。燥這個特色，通常在男性梟雄身上比較容易表

現出來。

戲劇參考角色:「新三國」曹操(陳建彬飾演)、「楚喬傳」黑化之後的燕洵(竇驍飾演)、「楚喬傳」宇文席(金士傑飾演)。

2. 霸

梟雄走的不是「天道」、不是「人道」,而是「霸道」。在聲音表現上,也要能呈現出震懾敵人、嚇退反對意見的霸氣。兇巴巴、沒有底氣的大吼大叫,那不叫「霸氣」,那叫「胡鬧」。霸氣不見得是大聲說話、也不是歇斯底里到破音,無路可退的人才會歇斯底里。

那麼,霸氣要怎麼表現呢?就是說話時一鼓作氣衝出來,不要有所遲疑或保留,像野獸瞄準獵物即刻撲殺那樣簡單粗

善用負面聲音創造有利情境

梟雄原型的聲音很有力道,黯黑的特色讓人聽了害怕,比較負面。然而,當遇到沒禮貌、得寸進尺的人,在本嗓中加入梟雄原型的聲音特質,或許可以幫到你。

暴。說話時只要一遲疑，或有所保留，氣就散了，霸氣出不來。用聲音帶出體內的洪荒之力，一鼓作氣隨著話語，把力量一股腦兒壓在對方身上，氣不要散，就能表現出魄力、表現出霸氣。

戲劇參考角色：「武媚娘傳奇」專權後的武媚娘（范冰冰飾演）、「皓鑭傳」華陽夫人（譚卓飾演）、「小女花不棄」蕭九鳳（張岩飾演）、「鬼吹燈之怒晴湘西」羅老歪（曹衛宇飾演）。

3. 沉

「沉」這個字用來形容聲音，有兩個意思，一個是「暗沉」、「黯黑」的意思；另一個是「深沉」、深不見底的意思。所以梟雄一般都是低音砲，壓低了嗓子說話，用低沉的聲音來表現這個角色的暗黑和深沉。

戲劇參考角色：「楚喬傳」黑化之後的燕洵（竇驍飾演）、「秦時明月」東皇太一（張雷飾演）、「血觀音」棠夫人（惠英紅飾演）。

智者聲音的力量

追根究柢的思考力

智者原型的聲音屬於理性組，主要有以下 3 個特色。

 聲音特質

1. 冷

冷，就是高冷，冰塊臉。智者原型的人平常話不多，冷漠。一旦開口說話，聲音很穩，沒什麼抖動和起伏，聽不出他的情緒，就只是很理智的把事情講完，不太關心對方情緒反應，對方有任何回應，也是冷冷地應對。

從智者的說話聲音裡，比較感受不到這個人的溫度和情緒，常常會不知道他們在想什麼，甚至會有不寒而慄的感覺。

戲劇參考角色：「杉杉來了」封騰（張翰飾演）、「楚喬傳」宇文玥（林更新飾演）、「皓鑭傳」嬴異人（茅子俊飾演）、「盜墓筆記」張起靈（楊洋飾演）。

2. 斂

斂，內斂、收斂、凝斂。智者原型的聲音很工整，首先，

他不會有突發音（突然爆發出來的聲音）；其次，語速很一致，不會忽快忽慢，控制得很好，呈現出從容不迫的感覺。另外就是說話習慣「收口」（指每一句話的最後一個字，都完整的把字音發清楚、發完整之後，才把嘴巴閉上，把聲音收回來、聚斂回來）。

智者聲音的斂，還表現在語調這件事上面，語調很平淡，沒有什麼高低起伏，也沒有情緒張力，連聲音要投射的方向和距離都算得剛剛好，所有聲音表現都收攏、收斂在一個設定好的框架裡面。

戲劇參考角色：「老中醫」翁泉海（陳寶國飾演）、「鬼吹燈之怒晴湘西」鷓鴣哨（高偉光飾演）、「鬼吹燈之驚絕古城」Shirley 楊（陳喬恩飾演）。

3. 慎

慎，謹慎，想清楚才開口說話，極少贅字、贅詞、廢話。智者原型有的深謀遠慮、世事洞明，有的格物致知、博學多聞，口齒都跟腦袋一樣清晰。智者聲音裡的慎，表現在 3 個地方：第一是發「全音」（把每個字的字音都發完整），第二是用字遣詞精準，第三是斷句斷得漂亮。

發全音代表這個人重視咬字發音，說話很謹慎；而用字遣詞精準，除了對語文的掌握程度很高之外，就是很少出現

「啦」、「呀」、「啊」、「囉」這些瑣碎語尾助詞。另外，智者的斷句，都會剛好斷在標點符號上，讓你很清楚知道句子與句子之間的斷開處，容易理解上下文。

　　戲劇參考角色：「推手」梅道遠（王勁松飾演）、「琅琊榜」梅長蘇（胡歌飾演）、「羋月傳」羋月（孫儷飾演）。

不帶溫度的表達方式

智者原型的人平常話不多，一旦開口說話，聲音很穩，沒什麼抖動和起伏，從智者說話的聲音裡，比較感受不到這個人的溫度和情緒，甚至常常會讓人有種不寒而慄的感覺。

丑角聲音的力量

喜劇之王的感染力

　　在行動、理性、感性這 3 類聲音中，我把丑角原型的聲音歸到理性組，因為我認為丑角其實就是戴著面具的智者，在丑角嘻嘻哈哈的外表下，藏著世故的心和冷靜的頭腦。

　　丑角在人前，聲音的變化很多，充滿娛樂效果；丑角在人後，卸下了面具、不必表演了，聲音就回到智者原型。

聲音特質

1. 活

　　活，活靈活現、活蹦亂跳的活，指丑角原型的聲音沒有局限、沒有框架，能夠收放自如，抖音、轉音、滑音……，對丑角來說都不是問題。

　　戲劇參考角：主持綜藝節目的吳宗憲、「超級快遞」馬力（陳赫飾演）、「快樂大本營」主持人謝娜、「德雲好聲音」岳雲鵬。

2. 樂

　　樂，樂不可支、樂天知命。快樂的感覺，主要透過聲音的

抖動來表現，聲音只要一抖動，就會有感染力。

戲劇參考角色：綜藝節目「極限挑戰」羅志祥、「唐人街探案」唐仁（王寶強飾演）、「萌妃駕到」曲婉婉（韓玖諾飾演）。

3. 張

張，不是緊張的張，而是張開、張揚的張。前面說丑角沒有限制性思考，在聲音表現上，也是能屈能伸，像自帶 DJ 聲音效果器似的。丑角的聲音超能力不只「活」和「樂」，連凡人很難做到的「十四度曲折調」，也就是「張」，都能渾然天成、輕鬆駕馭。什麼是十四度曲折調？就是一段話裡最高音和最低音可以相差到 14 個音階那麼多，導致丑角有時也會出現瘋瘋癲癲的表現。

周星馳飾演的韋小寶，有幾句經典台詞，中規中矩的配音，就顯不出他那靈活的勁兒，非得要像石班瑜老師「對皇上的景仰有如滔滔江水連綿不絕，又有如黃河氾濫一發不可收拾。」那樣配音，才能把韋小寶這個丑角的靈魂給配出來。

總之，丑角不走乖巧、規矩的路線，走的是創意、開放、沒有極限的路線，把歡樂留給觀眾，把謝幕之後的孤單留給自己，很感謝他們為這個世界、為表演藝術做出的巨大貢獻。

戲劇參考角色：「鹿鼎記」韋小寶（周星馳飾演）、「唐伯虎點秋香」華安（周星馳飾演）。

情人聲音的力量

百煉鋼成繞指柔的軟實力

情人原型的聲音是屬於感性組，主要有以下 3 個特色。

 聲音特質

1. 柔

柔，柔軟、柔情。我想直接用 1980 年代華人最愛的天使之音——鄧麗君小姐的聲音來舉例，她溫柔婉轉的歌聲不知撫慰了多少人的心靈。「如泣如訴，宛若一股涓涓細流，直入人們心頭」、「鄧麗君的歌聲，金剛石都能化了」……，這些都不是唱片公司的廣告文案，而是人們對她歌聲的真實感受。

鄧麗君說話是走小丹田發音，說話沒有使用底氣，聲音不渾厚，才能營造出「柔而不嗲」的感覺。其次，她說話很少有重音，大多是輕音夾帶氣音娓娓道來，句末留有殘韻，但她尾音不上揚，在輕柔溫潤的基調裡，保有適當的抑揚頓挫。

電視劇「延禧攻略」裡飾演富察皇后的秦嵐，精湛的演技將溫婉如水、賢德靈秀的富察皇后刻劃得入木三分。她為這個角色配音時，用的不是本嗓，而是在聲音裡加入情人原型輕

柔、氣音等特質，也是很棒的情人之聲。

男生的部分，我想來說說蔡康永。名電視製作人柴智屏曾說：「蔡康永的聲音有種安定人心的感覺。」康永哥說話時的溫柔特質，來自於一點點上海腔的溫、軟，以及細膩地運用到小丹田的發聲方式。他的語速比較慢，每個單字音都拖得比較長，也帶點氣音，所以很適合做一對一的深入訪談。

另外一位很棒的情人之聲，是來自電視劇「那年花開月正圓」飾演吳聘的何潤東。何潤東也是把本嗓放輕、放柔，加入自然的氣音，聲音和角色合而為一，溫暖、深情的形象，擄獲了所有女戲迷，被封為「全民老公」。

2. 甜

甜，甜美，這個特色比較適用於女生，這「甜美系」女聲

難以言喻的吸引力

情人聲音裡的魅，是魅力的「魅」，不是狐媚的「媚」，擁有一種難以言喻的吸引力。比較成熟的情人原型，歷練豐富，說話聲音會變得很有磁性，讓人感到溫暖又有質感。

要以誰當代表呢？就以 1980 後的怪力美少女 —— 迪麗熱巴來當代表吧！她聲音裡的甜，一部分來自天生的音質，一部分來自說話態度。熱巴說話時習慣嘴角上揚、帶著笑意，用一點點鼻腔共鳴，偶爾加點氣音，這樣的聲音，聽了就充滿幸福感。

3. 魅

魅，是魅力的「魅」，不是狐媚的「媚」，狐媚的媚是心機鬼的聲音，聽起來不舒服。這裡講的魅，是魅力的魅。魅，指的是一種難以言喻的吸引力，比較成熟的情人原型，歷練豐富，說話聲音會變得很有磁性。電視劇「杉杉來了」裡頭飾演風騰集團大小姐封月的張楊果而、「老中醫」裡飾演葆秀的許晴，聲音就很有女性魅力，我覺得她們的聲音像高級的喀什米爾羊毛織品，溫暖又有質感。

男生的話，電視劇「漂亮的李慧珍」裡飾演林一木的張彬彬，是很經典的代表。他的聲音低沉、圓潤，一對一說話時會加入適當的氣音，把專注力放在說話對象身上，非常具有男性魅力。

照顧者聲音的力量

體貼入微的陪伴力

形容聲音時，「溫柔」和「溫暖」還是有差別的。

同樣是感性組，情人原型的聲音以溫柔為主，是跟對方平起平坐、互相依賴；照顧者原型的聲音則是溫暖，因為他們是別人依靠的對象，聲音裡的能量要再強一些，保有暖意即可，不需要「柔」。

照顧者原型除了陪伴、照顧之外，也肩負著引導、教導的任務，聲音裡的能量要比情人原型再堅強、堅韌一些，聽起來要是可以依靠的。如果照顧者的聲音太柔軟，反而會讓被照顧者產生認知落差，懷疑照顧者是否具備照顧或教導的能力。

聲音特質

1. 韌

韌，柔韌、堅韌、有韌性的韌。照顧者原型的聲音，通常都有「外柔內強」的特色，聲音聽著很柔軟、不強勢，但仔細聽，能聽出這柔軟裡面有一股厚實的「氣」，這股氣，來自於堅強的意志力，就像媽媽為了孩子可以吃盡苦頭，但無論如何

都要撐住。

戲劇參考角色:「剩者為王」女主角爸爸（金士傑飾演）、「我們與惡的距離」李媽媽（謝瓊煖飾演）。

2. 慈

慈，慈祥、慈愛的慈。討價還價、斤斤計較的聲音絕對不會是慈祥的，照顧者聲音裡的慈，來自無條件的愛，在聲音表現上，就是說話不用力、沒有要用聲音去控制、壓制別人的意圖。再來是說話速度比較緩慢、沒有突發音，以一種欣賞、呵護的態度來傾聽、對話，讓心中的愛意自然流動。

戲劇參考角色:「我可能不會愛你」女主角程又青的媽媽（林美秀飾演）、「那年花開月正圓」女主角周瑩的婆婆（龔慈恩飾演）、「幸福一家人」房爸爸（李立群飾演）。

3. 叨

叨，嘮叨的叨。這是層次比較低的照顧者會有的聲音特色。他們的照顧帶著「控制」，通常會用「我這是為你好」來包裝，如果被照顧者不按照他們的想法去做，他們會開始碎念、嘮叨，像唐僧唸緊箍咒一樣逼你就範；更嚴重的，會變成言語暴力，酸你、懟你、罵你、咒你，這些都沒好話。

嘮叨是個聲音警訊，提醒所有照顧者要小心，不要讓自己

的控制慾破壞了原本美好的依附關係。

　　戲劇參考角色：「俗女養成記」女主角陳嘉玲的阿媽（楊麗音飾飾演）、台灣網紅又仁反串的典型媽媽秀娥。

感謝生命中照顧者的陪伴

照顧者原型的智慧，是以一種無條件的關愛態度，來達到照顧、療癒，以及幫助對方學習、成長的目的，使對方感覺到愛和支持，而不是被評價、被否定、被傷害。

王者聲音的力量

海納百川的包容力

王者是理性、感性、行動 3 種能量在體內統合得非常好的一個原型，不但理性、感性、行動 3 種能量都很強，而且保持高度平衡，而這也就是所謂的「王者風範」。王者風範的聲音，有哪些特色呢？

聲音特質

1. 貴

《麻衣相法・聲音篇》裡有一段關於「貴人之聲」的說明：「氣出於聲，聲發為韻，有聲無韻俗骨骼，有韻有聲貴人胎，故貴人之聲出於丹田，與心氣相通。」王者原型的聲音，要有貴氣。怎樣的聲音聽起來有貴氣？首先要「出於丹田，與心氣相通」，出於丹田就是用底氣說話，人無底不壯，如果沒有讓整個身體的骨架、肌肉成為呼吸和發聲的支撐，聲音就會虛，不會有貴氣。

用底氣說話的意思，不是用腹式呼吸說話（腹式呼吸時下腹部是鬆軟的，通常是催眠師在進行催眠時用的語氣），而是

下腹部要有力量把氣往上推，經過胸腔共鳴，再從口腔送出去，這樣的說話方式，就叫做「有底氣」。與心氣相通就是「內外合一」，就是誠懇、真心誠意。

有了呼吸和共鳴的良好基礎，聽起來貴氣的聲音還來自「有韻有聲」。在用底氣說話的基礎上，聲音就會渾厚、清楚、宏亮，而且還有餘韻。有這樣聲音品質的人，身心都很健康，這也是王者必備的生理條件。

貴氣還有一個條件，就是「慢」，相書上也說「聲慢者貴」。有貴氣的聲音不會是連珠炮，也不會叨叨絮絮，有話好好說，讓對方有時間聽清楚、有時間理解你的說話內容。

王者的貴氣之聲：台灣知名配音員閭大衛、電視劇「老中醫」男主角陳寶國、中國綜藝節目「非常靜距離」主持人李靜、「紫色大稻埕」沛小嵐所飾演的素蓮。

2. 潤

有些人的聲音乾澀、濕潤的程度不一致，這種聲音叫「羅網聲」，不是王者之聲。王者說話「神清氣和」，也就是神智清明、呼吸均勻流暢，再加上性格穩重，音量不會忽大忽小，這些說話的好習慣，基本上對聲帶就起了保護作用，因此王者的聲音溫潤、圓暢，有著像「玉」一般的質感，一聽就知道這個人不一般，意識層次高。

王者的溫潤之聲：台灣知名配音員賈培德（德仔）、電視劇「那年花開月正圓」當家作主之後的周瑩（孫儷飾演）。

3. 蘊

蘊，蘊藏、底蘊的蘊，有聚積、包含的意思。王者的聲音雖然宏亮，但是不會像煙火那樣炸裂、散開，宏亮之中帶著包容，厚實之中帶著柔軟，把元氣聚積在體內，再優雅地送出，好好地去說每一句話。

王者的底蘊之聲：電視劇「那年花開月正圓」趙白石（任重飾演）、「鬼吹燈之怒晴湘西」陳玉樓（潘粵明飾演）。

綜合以上貴、潤、蘊3個聲音特色，王者的聲音很有磁性，剛柔並濟、理感兼具，不軟不硬、不卑不亢、不疾不徐，積極中有謙卑，謙卑中有寬容，寬容中又不失威儀，承載了這個人深厚的修為。

王者之聲，世間少有，才更顯得王者的不凡。其他8個原型的聲音如果想要再進化，往王者的聲音特色去修練是很好的方向。

3 分鐘重點學習

　　了解自己性格的主要原型，聽聽聲音裡是否擁有該原型特質，並試著在聲音主型中加入新元素，就能慢慢打開聲音的彈性。

- **天真者**：呼應了性格裡單純的特質，聲音很純淨、聽起來沒有心機，甚至帶有幼稚感。聲音 3 大特質：純、直、萌。

- **凡夫俗子**：沒有明顯特色的聲音都屬於凡夫俗子原型，沒有包袱，可塑性很高。聲音唯一的特色是渾 —— 矇矇朧朧、不清朗。

- **英雄**：用下腹部力量説話，聽來有底氣，不會忽強忽弱；説話可以快，但不能出現慌慌張張的急迫感。聲音 3 大特質：定、勢、力。

- **梟雄**：聲音黯黑、混濁，帶有滄桑感，易帶給人壓力，聲音表現要能呈現震懾敵人、嚇退反對意見的霸氣。聲音 3 大特質：燥、霸、沉。

- **智者**：説起話來很優雅、穩重，聲音裡感受不到溫度和情緒，語調平淡，沒有什麼高低起伏。聲音 3 大特質：冷、斂、慎。

- **丑角**：在人前，聲音的變化很多，充滿娛樂效果；在人後，卸下面具、不必表演，聲音回到智者原型。聲音 3 大特質：活、樂、張。

- **情人**：聲音最大的特色是溫柔，在輕柔溫潤的基調裡，保有適當的抑揚頓挫；歷練豐富者，聲音很有磁性。聲音 3 大特質：柔、甜、魅。

- **照顧者**：聲音最大特色是溫暖，能量比情人強一些，擁有外柔內強的特色，話速度緩慢、沒有突發音。聲音 3 大特質：韌、慈、叨。

- **王者**：剛柔並濟、理感兼具，積極中有謙卑，謙卑中有寬容，寬容中又不失威儀。王者之聲，世間少有。聲音 3 大特質：貴、潤、蘊。

你的魅力台詞
與優勢情境

每一種原型的聲音，
會賦予同一句話不同力量，
適合的聲音配上適合的台詞，
就能放大說話效果。

聲音沒有好聽不好聽，只有適合不適合，不同性格的人，即使講同一句台詞，也會有不同的效果，舉個例子，「大家有話好好說」這句台詞，英雄原型的表達方式會是主動積極的協調、丑角原型表達方式會是詼諧笑鬧的試探、照顧者原型表達方式會是苦口婆心的勸導。不同原型的聲音，會賦予同一句話不同的力量，適合的聲音配上適合的台詞，就能放大說話效果。

我在教聲音表達的過程中，接觸過成千上萬名學員，在我這一系列課程中，有一門課就叫「聲音9大原型」，我會找各種不同的台詞讓學員錄音，讓他們揣摩不同原型角色的說話聲音。

教著教著，我發現不同性格、不同原型的學員，都有屬於他們講起來最動人、最有力量的台詞，我會鼓勵他們找出屬於自己原型的台詞（跟自己聲音特質最搭配的說話內容）來表達，並且試著把比較負面的台詞修成正面的表述方式。

結訓之後，回到日常生活中，還願意持續這麼做的學員，後來給我的回饋超出預期，他們說以前從來沒有想過「找到跟自己聲音特質搭配的說話內容，說話竟然就有開始有了個人的獨特風格，連身邊的人都發現他們變了，在溝通表達的時候，更有魅力和影響力。」

在上一個章節，我介紹了9大原型的聲音特質，也就是語

氣、語態、說話形式、非語言訊息、你要怎麼說。接下來，我要從 9 大原型說起來最有力量的台詞，也就是語意、說話內容、文字、語言訊息、你要說什麼，來整理 9 大原型各自最有利的說話情境。

在台詞部分，我會用戲劇的台詞作為例子，其中英雄、梟雄、智者、丑角、情人、照顧者、王者這 7 種原型，我還會另外附上現實生活中可能會使用到的一些台詞，提供給你用相應原型的聲音去練習。

天真者的魅力台詞

直指人心的單純力量

　　成年的天真者原型，沒心機，看事情很單純，只看「當下」和「表面」，說出來的話很直白、很可愛；也因為天真者原型的人，心性接近人最初始的狀態，直覺力很強，常常直通通就說出不能戳破的真相、不能見光的曖昧，還有一堆直指人心、讓人瞬間恍然大悟的金句。

　　天真者原型可以說是另類哲學家，看待人事物不帶價值判斷，善於以簡馭繁，無視人世間那些盤根錯節、黑暗負面的部分，信心滿滿地活著，像孩子一樣好奇。有美好的事情發生，就讚嘆、感謝；遇到不美好的事，轉念的速度也非常驚人，可能你還沒來得及安慰他，就已經做完心靈排毒流程，恢復到天真可愛的狀態了。

　　天真者原型的人，心裡不會囤積那些亂七八糟、狗屁倒灶的事，批評、中傷、挖苦、諷刺、討好、嫌惡、算計這一類的台詞，不在他們的劇本裡，他們是健康無害的存在，相處起來很輕鬆，可能也是因為這樣，他們身上有一種神祕的磁場，你擔心他好傻好天真、被騙被陷害，偏偏他就有金鐘罩、鐵布衫似的好運護體，不是剛好閃掉一個坑，就是貴人特別多，這大

概就是老人家說的「傻人有傻福」吧？

　　簡單的人，用簡單的方式說話，有時候會說出直指人心、不簡單的話。天真者原型說什麼樣的台詞最有魅力呢？

魅力台詞

　　天真者原型的人，活在當下、簡單直率、充滿希望，可愛、好相處。聲音特質純淨、隨心所欲，帶有萌萌的感覺，擁有「單純」的力量，特別適合講以下幾種內容。

1. 提問、請求

　　天真者原型的人對萬事萬物都好奇，有不懂的地方就開口問，不覺得有什麼事不能問，不知道就要問啊！不問怎麼會知道？不想知道的話，連問都不會問，就是真的很想知道才問的呀！所以，天真者的請求都很直接，不管是求情、求教，還是求救，完全沒有自尊心或面子問題，開口就是了。

　　電視劇「杉杉來了」有一段經典台詞，天真可愛的薛杉杉每天中午跟老闆封騰一起吃便當，有一天冷不防突然開口問了一句：「老闆，撐死算工傷嗎？」萌得讓人拍案叫絕，成為該劇的經典片段。

　　杉杉：「老闆，那個……，我怎麼能搶你的菜吃呢？牛肉

這麼好吃，那你多吃一點兒吧？」

　　封騰：「沒關係，妳多吃一點。」

　　杉杉：「好，那我就不客氣啦！」

　　杉杉：「老闆，撐死算工傷嗎？你這是算，還是不算？呵呵呵呵……。」

　　「瑯琊榜」裡的小飛流，也是個心思澄澈、不染塵俗的天真者，飛流台詞不多，最常說的就是在藺晨捉弄他時，大喊：「蘇哥哥，救命啊！」、「蘇哥哥，快來救我啊！」萌翻了螢幕前無數觀眾。

2. 示弱、表白

　　示弱對天真者來說很自然，他們不會打腫臉充胖子，硬要假裝自己很厲害，弱就是弱，並不丟臉，也不代表不會進步；另外，天真者的感情是流動、自由的，純淨的聲音很適合告白，自然地說出內心真實的感覺、感情，不帶一絲矯情。

　　「惡作劇2吻」湘琴對直樹的覷腆告白：「我很開心你因為我而嫉妒，因為這讓我知道，你很在乎我。說完了。」

3. 讚美、讚嘆

　　這也是天真者討人喜歡的原因。他們從不隱藏內心真實的感覺，只要能引起正面感受的人事物，他們絕不吝嗇讚美，更

多時候，更是激動得驚嘆連連，聽到他們這些讚美、讚嘆，你會有一種被深深肯定、鼓舞的感動。

「楚喬傳」裡的暗戀楚喬的元嵩皇子，在燕洵黑化以前，也是個天真者。在楚喬把大家都不喜歡的大梁太子蕭策摔出馬車外的時候，元嵩稱讚楚喬：「哎呀，這個馬車走得比人都慢，這麼穩，太子都能飛出來，真厲害，阿楚真厲害！」

電影「阿甘正傳」裡有一段經典對話，阿甘母親病危時，對阿甘說：「我的時候到了，僅此而已。寶貝，別害怕。死亡只是生命的一部分。我們都注定要面對。我先前並不知道，但我就是注定了要成為你的媽媽。我盡力了。」阿甘回答：「妳做得很好，媽媽。」再簡單不過的一句話，完全呈現了天真者的力量。

4. 直指人心、充滿哲理的話

關於天真者直通通就說出真相的尷尬，電視劇「楚喬傳」裡的「老天真者」左寶倉有一段經典台詞。冰塊臉男主角宇文玥喜歡楚喬，礙於身分和個性，沒有表白。當他們被困在山洞中的時候，可愛的左寶倉直接說破了宇文玥的心機。

左寶倉：「碰見你們這群諜者，准沒好事！」

楚喬：「你怎麼知道我們是諜者？」

左寶倉：「妳的劍，是殘虹劍，他的劍，是破月劍。你們

兩個人的劍是情侶劍！還好意思跟我說不是一對！不願意拆穿你們就完了，現在拆穿了，有意思嗎？」

宇文玥：（緊張地眨眼睛，假裝看風景）

左寶倉：「氣氛多尷尬！」

天真者的聲音沒有殺傷力，配上直白的台詞，頂多造成逗趣或尷尬的氣氛，還不至於惹人討厭，或讓人氣到想把他們捏死。其他原型的聲音就沒有這個優勢了，如果硬是學天真者講這些直白的內容，那就不是逗趣或尷尬而已，而是會被貼上「搞不清楚狀況」的標籤，甚至引來麻煩，在此敬告其他原型的朋友，說話前請務必三思。

天真者原型的存在，是來淨化這個世界的。他們以純真，拂去了人們心上的灰塵，萃取出人與人之間最純粹、最美好的情感。

天真者原型練習台詞

電影對白

- 「大人總是不聽小孩的話！」（電影「波特萊爾的冒險」）

- 「如果你說你在下午4點來，從3點鐘開始，我就開始感覺很快樂，時間愈臨近，我就愈來愈感到快樂。到了4點鐘的時候，我就會坐立不安，我發現了幸福的價值，但是如果你隨便什麼時候來，我就不知道在什麼時候準備好迎接你的心情了。」（電影「小王子」）

- 「什麼意思？難道我以後就不能成為我自己了嗎？」（電影「阿甘正傳」）

生活場景

　　成年之後還保有天真者原型的人很少，如果不是真的可愛，模仿天真者的聲音只會讓人覺得矯情，所以在此不提供生活場景的練習台詞。

凡夫俗子的魅力台詞

沒有包袱的蛻變力量

　　凡夫俗子原型不像其他原型，各有各的明顯特色，在說話方面，比較沒有突出的風格。也許有人會說「沒有風格也是一種風格」，但如果有那麼一種能力，是打開對於說話這件事的敏感度，在不矯情的前提下，能夠根據不同的說話對象、說話情境，用適合的聲音、適合的台詞來表達、溝通，對人際、感情、職場等各方面，會非常有幫助。

　　我喜歡逆向思考，凡夫俗子原型說話沒有明顯特色、沒有讓人記憶的點，反而是一種恩賜。怎麼說？沒有特色，可塑性反而最大，沒有框架、沒有包袱，套一句周星馳電影裡的台詞：「只要有心，人人都可以是食神。」只要願意改變、學習，凡夫俗子原型可以向其他 8 種原型，學習的說話魅力，可以先從每一種原型裡挑一種台詞來學：

1. 向英雄原型學承諾

　　也就是學習成為一個有擔當的人。常言道：「天塌下來有高個兒頂著」，我們都期待別人是那個高個兒，自己可以不用承擔責任。一個老是不想承擔責任的人，成不了什麼大事。當

然，這不是要凡夫俗子原型的人攬一堆工作在身上，把自己逼到爆炸，而是循序漸進地提升自己的能耐。

怎麼個循序漸進法呢？已經做得很熟的工作，想辦法做得更好，把自己想的方案拿去請教主管或老闆，如果老闆支持，就得到了一次升級自己工作品質或效率的好機會；或者可以挑戰另外一項不熟悉的工作，特別是當老闆有一些創新的想法時，在不影響原來工作的前提下，試著認領一個做得來的部分進行，不懂的地方就找人問，或者再去外面進修，想辦法把擔下來的工作做好。

也就是說，透過承諾一份新的任務，從做中學，一方面訓練自己的專業能力，一方面累積經驗值。當你能承擔的責任變重了，就表示能力變強了，可以再往下一個目標前進。

向英雄原型學魅力台詞，我首推「這件事交給我處理」這句話，用心講這句話，講完就投入去做，做出成績讓大家看，享受這個過程中的甘苦，自然能夠升級。

2. 向天真者原型學讚美

要讚美別人，最好是在當下，只要看到、聽到、感覺到對方任何的「好」，馬上脫口而出，千萬不要打量人家半天，才幽幽說出：「張先生，您的手錶很貴吧？」這種讓對方不知道該怎麼接話的句子。向天真者原型學讚美，主要就是不斷練習

「看到別人的好」以及「把這個好，在第一時間誠懇地說出來」，語氣不用誇張，自然就好。

如果發現某位女同事化的妝很好看，可以說：「妳今天的妝特別好看，很襯妳的氣質」；或是某位男同事主動幫清潔阿姨提重物，可以表揚他：「你很有紳士風度，給你按個讚」。

3. 向梟雄原型學拒絕

也許你沒有梟雄原型的菸嗓，但這並不重要，重要的是你可以學習他們斷、捨、離的霸氣。這個斷、捨、離的能量，主要用在「拒絕」。對於不想要的人事物，要用堅定的語氣、明確的語句斷然拒絕，不要欲拒還迎，或拒絕得不清不處，讓對方懷抱希望，對你糾纏不休。以下這兩句比較有禮貌的梟雄原型台詞提供給你練習：「抱歉，我不能答應你。」、「這件事我幫不上忙，要請你自己處理。」

4. 向智者原型學提問

提問之前，要先會觀察。要能看出哪裡有問題，才能進一步提出好問題。有位名主持人，曾經在節目上分享一個經驗：他年輕時從攝影助理入行，扛攝影機跟著導演上山下海，是他的日常。有一天，他氣喘吁吁的把攝影機扛上峭壁，導演環顧四周，指示他把攝影機放在大空地上的一個角落。他觀察到導

演不是隨便選個地方放，於是好奇問了一句：「這塊空地這麼大，為什麼要把攝影機放在這裡？」這麼一問，導演興致來了，不藏私的把一些攝影技巧分享給他，他就學到了。

在生活上、職場上，有些事情確實是有問題的，如何表達自己內心的懷疑，可以向智者原型學習。比方：「這件事聽起來很怪，為什麼他會做出這個決定？」、「這個問題確實有點兒麻煩，但應該有更好的解決辦法吧？」

5. 向丑角原型學自嘲

幽默是一種上乘的語言藝術，自嘲，則是幽默的最高境界。能自嘲的人，心理素質是強大的，因為這要拿自己的不足、失誤、糗事，甚至生理缺陷作為焦點，把它們放大，再巧妙地引申發揮，達到娛樂大家的效果。自嘲不但能釋放人際之間的壓力，還能提升自己的親和力。能自嘲的人，一定比假裝完美的人還好相處。如果你皮膚比較黑，可以說：「幫我拍照只有一個效果——拍出來都是剪影」；如果你是單身狗，你可以說：「別人問我有沒有女朋友，我默默地伸出右手，他居然說：『就你這樣，居然也有 5 個女朋友！』」

6. 向情人原型學知心話

說知心話（體己話），是建立感情的必備技能。朋友間可

以嘻嘻哈哈、互相調侃，也要能說說知心話。知心話是很私密的，between you and me（在你和我之間），在關係裡很自在的人，才講得出口。

向情人原型學習講些體貼的話，首先要能柔軟地面對自己，其次要能同理他人，可以上網找些範本來練習，比方，你的好友是大齡剩女，你可以跟她說：「父母催婚妳就先應付一下，不要自亂陣腳，該堅持的就是要堅持，妳一定會嫁得很好，因為，妳值得。」

又如果你的好哥兒們是個事業狂，忙到沒時間陪小孩，你可以說：「你現在在事業上的努力，可以讓孩子日後過得幸福；不過如果你每天能夠陪孩子講講話，那孩子是現在、天天都幸福。兄弟，魚與熊掌可以兼得，我相信你。」

7. 向照顧者原型學安慰

當親友需要安慰時，如果不知所措或講錯話，真的很尷尬。向照顧者原型學習如何安慰別人，也能為人際關係加分，如果一個人在脆弱無助時會想找你說話，說明了你是他信任的人。安慰，最重要的是陪伴和傾聽，不需要說太多話。如果是安慰失戀的朋友，一句：「想哭就哭吧」、「如果你想找人說說話，我隨時都在」、「給自己一些時間，我會陪你的」也就夠了。

8. 向王者原型學求教

　　向別人請教，是最划算的學習。王者身邊有宰相、弄臣、文武百官，還有民間友人等等不同功能的求教對象，也可以學習王者原型，跨出自己的同溫層，結交一些不同屬性的朋友。

　　向別人請教，特別是向主管、老闆，或其他成功人士請教時，最好是面對面，要有禮貌，首先要確定對方有時間跟你聊，其次是避開隱私性、範圍太大或沒頭沒腦的問題，再來是不要否定對方任何回答，這是一種打臉的行為，會引起對方不悅；最後，別忘了感謝人家。

　　可以試著這樣問：「您一直都是我很敬佩的人，想請教您，是如何利用下班時間的呢？」、「很多書上提到成功的人都很有紀律，想請教您，您每天都堅持去做的事有哪些？」

樂於學習就能進化

把其他 8 種原型的魅力台詞演練一遍，是否很有趣呢？玩玩這些不同原型的台詞，不但有趣，還非常有用。永遠記得，凡夫俗子原型在所有原型裡可塑性最高，保持樂於學習的心態，就能不斷進化。

英雄的魅力台詞

陽剛積極的創造力量

英雄原型的人，積極、勇敢、有擔當、行動力很強，聲音特質堅定、氣勢飽滿、有力量，擁有陽剛、磊落、堅毅的力量。

魅力台詞

1. 提議

英雄的聲音裡帶有動能，也就是積極的能量，用在提議特別有效。

「風中奇緣」衛無忌：「天氣好，帶妳去南山街頭逛一逛，吃點好吃的。……幫我做菜的廚子，是宮中數一數二的，但妳喜歡吃的關外風味兒小吃，他們並不是很擅長，走吧！」

2. 承諾

英雄的聲音堅定、飽滿，做出承諾時，聽起來充滿信心、志在必得。

「新三國」關羽：「馬弓手關羽請戰華雄。」、「若砍不下

華雄的頭，那就砍關某的頭謝罪。」

「那年花開月正圓」周瑩：「吳家的大當家，我可以不當，但是東院的銀子，我必須得要回來。」

3. 說明目標

英雄原型的角色，說明目標時沒有廢話，言簡意賅。

「那年花開月正圓」周瑩：「吳蔚文和吳聘死後，吳家東院就是我當家，沒人可以把我攆走，除非我自己想走。」、「我要去找回我的清白，奪回屬於東院的股份。」、「如果被人欺負不能還手，被人冤枉不能洗清，那我活著還有什麼用？」、「沒事，大不了就是一死。」、「我怕！但我更怕窩窩囊囊的活著。」

4. 要求、命令或催促

講到催促，我想起一位在小學擔任老師的學員，她常常要催學生排隊，她用帶點嬌嗔的娃娃音抱怨：「每次我叫他們趕快排好隊去運動場集合，他們都給我慢慢走，真是氣死我了！」當然啦！在那個情境下，她用情人加天真者的聲音，是不會有催促和命令的力道的，反而讓學生覺得老師很溫柔，不會真的發脾氣，慢慢來沒關係。

換作是英雄原型的老師來喊：「現在去走廊排隊，10 秒內

整隊完畢。」學生肯定立刻照做，不敢造次。

5. 警告、嚇阻

英雄原型在警告或嚇阻的時候，正氣凜然。

「新三國」孫尚香：「徐盛、丁奉，你們想造反嗎？」、「你們怕周瑜，就不怕我？周瑜殺得了你，我就殺不了你嗎？」、「那好，我是奉二哥的命令，陪我夫君前去燒香祭祖，之前也稟過太夫人了，誰敢攔我，我就取下他的項上人頭！」

6. 整肅秩序

在宴會或會議場合開始前，大家鬧哄哄的，如果需要一個人來喊：「會議即將開始，大家請安靜下來。」英雄原型的聲音來喊會最有效。

除了以上 6 種之外，鼓勵、感謝、告白這 3 種內容，英雄原型只要找到適合的台詞，說出來也會很有力量。

英雄原型練習台詞

電影對白

- 「別害怕去做更大的夢。」（電影「全面啟動」）
- 「原諒那些壞人是上帝的工作，我的工作是安排他們跟上帝見面。」（電影「火線救援」）
- 「勇敢的人也許沒辦法一直活著，但謹慎的人卻不會真正的活過。」（電影「麻雀變公主」）
- 「在這世間，生我不能掌握，死我也不能掌握，但生與死之間的路，我可以自己選擇。」（電影「追龍」）
- 「謝謝有你，讓我明白：如果對喜歡的事情沒有辦法放棄，那就要更努力地讓別人看到自己的存在。」（電影「逆光飛翔」）

生活場景

1. **提議：**「我對這個專案很有興趣，我可以負責這個專案所有的會議紀錄以及訊息傳遞工作，請考慮我的提議，讓我加入專案團隊，相信會有幫助的。」（參考示範音檔編號001）

001～005

2. **承諾：**「謝謝你給我這個機會，請放心，我會盡力做到好！」（參考示範音檔編號 002）

3. **說明目標：**「這個專案已經簽約，我們必須在 3 個月內完成這個紅利積點系統的開發、測試與導入，請大家把握時間，有問題隨時找我溝通，不要客氣！」（參考示範音檔編號 003）

4. **要求：**「我想你很清楚，抱怨不能解決問題，從今天起，當你想抱怨一個問題時，請準備好 3 個可能的解決方案再來找我。」（參考示範音檔編號 004）

5. **警告：**「先生，住家門口不是停車位，你停在這裡會造成住戶出入不便，請你趕快開走，以後也別停在這邊。」（參考示範音檔編號 005）

梟雄的魅力台詞

大破大立的黯黑力量

歷史上有很多梟雄型的人物，在聲音方面都有一個共同特徵：豺狼之聲。

《左傳》裡有個小故事：春秋時晉國有一支貴族姓「羊舌」，羊舌氏有個孩子叫「楊食我」，這個孩子出生時，奶奶本來很高興要去看他，結果還沒走進房裡，就聽到孫子的哭聲，心裡覺得不妙，說他：「是豺狼之聲也，狼子野心。」意思是這孩子天生有豺狼的聲音，野心不小，心性狠毒，羊舌氏肯定毀在他手上。果不其然，後來在祁盈的動亂中，羊舌氏因為楊食我被滅族了。

除了楊食我，《左傳》裡還記載了一個人也有豺狼之聲──春秋時期楚成王的大兒子商臣。楚成王想立大兒子商臣為太子，但宰相令尹告訴楚成王：「是人也，蜂目而豺聲，忍人也。」商臣這個孩子，眼睛長得像胡蜂似的突出來，一臉凶惡；聲音像豺狼一樣難聽又恐怖，說明了商臣是個殘忍的人，不適合立為太子。

先秦時代，擁有豺狼之聲的梟雄裡，最有名的應該就是秦始皇了。《史記‧秦始皇本紀》記載：秦始皇的宰相尉繚會看

面相，最初認識秦始皇的時候，說：「秦王為人，蜂準、長目、摯鳥膺、豺聲，少恩而虎狼心。」就是說秦始皇這位老闆面相剛烈、聲音有如豺狼，有求於人時，身段很低，一旦被冒犯就會變得極其殘暴，這樣的人，不會有仁德之心，一旦得志，百姓必定遭殃。

聽到這裡，有梟雄原型聲音的朋友恐怕要抗議了，菸嗓又不是我願意的，對吧？

我認識一些聲音有梟雄特質的朋友，性格和能力都很強，過去幾乎也都有一段不平靜的人生經歷，為了在艱苦、惡劣的環境裡活下來，必須用性格裡的霸氣去面對各種挑戰，有時不得不運用一些黯黑的手段來保護自己，難免不小心用力過猛傷到別人。他們會說：「社會很殘酷，活著不僅僅是當個好人這麼簡單，有點狼性還是必要的。」

說真的，遇到那種不可理喻、蓄意要找麻煩的人，梟雄的聲音特質還滿好用，只要用稍微陰狠的口氣說幾句威脅的話，對方態度通常就會轉變。而當事情陷入惡性循環，或是安逸太久開始腐敗的時候，也只有梟雄聲音裡的那股霸氣，能破壞這個循環，大破大立，開創新局。

梟雄原型的聲音雖然不討喜，但這樣的聲音如果用對地方、說對台詞，非常有力道。梟雄的菸嗓，可是聲音 9 大原型裡最性感的呢！

魅力台詞

梟雄原型的人，野心勃勃、實力堅強，善於打破規則，卻也喜怒無常。聲音特質乾燥滄桑、霸氣、陰沉，擁有黯黑、霸氣的能量，特別適合講以下幾種內容：

1. 威脅、施壓

梟雄的聲音不需要用力，就能對聽者造成一種不寒而慄的壓迫感；把說話的力道加大，則會造成盛氣凌人的威脅感。古裝劇裡的梟雄特別喜歡用死威脅別人；時裝劇裡梟雄比較文明，講一些給別人壓力的台詞很到位。

「秦時明月」蠱娘：「想死？你上回殺了我那麼多心肝寶貝兒，我怎麼會捨得讓你死呢？我要讓你生不如死。」

「秦時明月」趙高：「從今天開始，我就要立下規矩，凡是百無一用的廢物，只有死路一條。來人！把她給我帶下去！」

「偽裝者」藤田芳政：「你知道自己說了什麼嗎？我不管你們的黨、你們的汪主席是如何考慮的，我對手下的要求，首先是忠誠。」、「明先生持有這種態度，會使我不得不重新考慮，你是否適合這個位置。」、「不過，明樓先生，最好不要浪費我的時間。」

「武媚娘傳奇」武后：「李大人，我看你是順風順水的日子過得太久了，昏了頭了是不是？」

2. 批評、控訴

梟雄的批評、控訴，不是霹靂啪啦的連珠炮，也不是聲淚俱下的哭訴，反而是壓低嗓門，穩穩地、用全身力氣為聲音加壓，一字一句把情緒推到最高點。用聲音表現憤怒，要像曾國藩在《冰鑑》這本書裡說的：「怒如陰雷地起」，「楚喬傳」裡燕洵黑化以後的這段配音，非常精采。

「楚喬傳」燕洵：「但是他皇帝昏庸，不辨忠奸，他忘記北朔城外累累的白骨，也忘記了與我燕北定北侯府多年來的誓言，背信棄義，殘害忠良，我定北侯府，滿門蒙冤，燕北的百姓，全族患難，此仇此恨，與我不共戴天！今日，我燕洵在此立誓，哪怕山河崩塌，血濺成灰，也要報此仇！去吧！用你們的戰鬥，讓皇帝老兒的血，來為我燕北亡魂祭奠！用你們的戰鬥，告訴皇帝老兒，即日，我燕洵，反啦！」

3. 耍賴

識時務者為俊傑，一皮天下無難事，為了達到目的，耍耍無賴是必須的。梟雄耍無賴的時候，雖然是收斂了狠勁兒，卻還是胸有成竹。

「新三國」曹操:「我雖然不願意投降,卻願意和兄台請和。或者說是乞和、求和,都成,隨你高興。」、「不敢,不敢騙你,乃是請和。兄台,如果你此刻願意退兵的話,我願意,讓出徐州六郡,只保留兗洲一地,而且我發誓,永遠不和兄台爭天下。」

4. 勸導

「新三國」有一個曹操勸劉備的經典片段:「生於亂世是為不幸,但如能變亂為治,豈非不幸中之大幸?」而已故資深藝人孫越,聲音是梟雄原型,早期在電影裡飾演反派,光嗓音就非常有說服力;晚年投身公益,說話速度變得稍微慢一些,加上充分的氣音,傳遞出誠懇、真心的感覺。他勸人戒菸,不用硬邦邦的說教方式,而是用感性又不失權威的聲音勸導:

「你總在找一個重要的理由,才能下定決心戒菸。請試試看這個:因為戒菸,你可以有機會看到孩子長大、參加他的畢業典禮,或者挽著她的手,把她嫁出去。當然,你也可以不戒菸,然後可能失去這一切人生最珍貴的時刻!為了愛你的人,也為了你愛的人,快把菸戒了吧!」

聲音本質雖然不容易改變,不過說話方式和說話內容,卻可以自己選擇。梟雄原型只要把聲音放輕、把說話速度放慢,就能給人真誠的感受,孫叔叔的公益發聲堪稱經典。

梟雄原型練習台詞

電影對白

- 「死亡本身就是最大的冒險！」（電影「虎克船長」）
- 「我會提出一個他無法拒絕的條件。」（電影「教父」）
- 「親近你的朋友，但更要親近你的敵人。」（電影「教父2」）
- 「出來混，總有一天要還的！」（電影「無間道」）

生活場景

1. **施壓：**「你的水準只有這樣嗎？我認為你還可以做得更好，請重做。」（參考示範音檔編號006）

006～009

2. **批評：**「我盤點了一下你的工作績效，實在找不到理由為團隊裡表現最差的人加薪，你知道自己問題出在哪裡嗎？」（參考示範音檔編號007）

3. **耍賴：**「喔，我很想幫你，只不過我現在手上有 10 個急件在排隊，你可以等我把這 10 個急件消化完嗎？如果等不及的話，你趕快找別人，才不會耽誤到喔！」（參考示範音檔編號008）

4. **勸導：**「小姐，買票請按順序排隊，隊伍是從那邊（指向隊伍的最後面）排的。」（參考示範音檔編號009）

智者的魅力台詞

世事洞明的智慧力量

　　戲劇中的智者，有幾種不同的形象。第一種，叫「智」，智慧的智。指的是那些思路清晰、理解力、學習力、記憶力、反應力都好的聰明人。他們耳聰、目明、智商高，不管知識還是技術，只要願意學，沒有學不會。可惜的是，這類型智者，只有「智」，沒有「慧」。

　　我在前面介紹智者原型的時候，說過「智，是格物致知，就是科學，是明辨事物的能力；慧，是了解宇宙運行的規律，掌握安頓身心的真理。」只有「智」，沒有「慧」的人，通常課業成績都很好，卻不見得能通透人生的道理，比較容易有「知識障」。什麼是知識障？顧名思義，就是執著於知識，反而造成思想上的障礙，知識愈淵博，障礙愈大。

　　佛教在說明知識障的時候，喜歡用佛陀的一個比喻。有個人被毒箭給射中了，他的家人急忙去找醫生。這位中箭的苦主可聰明了，他認為不能急著拔箭療毒，而是必須先弄清楚：要請的醫生叫什麼名字？高矮胖瘦如何？膚色是黑是白，抑或不黑不白？出身於哪一種階級？籍貫在哪？那把射我的弓是用桑木、柘木，還是牛角製成的？弓弦是牛筋、鹿筋還是絲做成

的？弓的顏色是黑是白？是紅是黃？箭杆是竹製還是木製？箭
羽是雕鷲翎、鶴羽還是雞毛？箭頭的形狀像矛還是像刀？

等到他全部弄清楚之後，剛好毒發身亡。這類人有明辨事
物的能力，卻容易被知識所障蔽，在行為上，比較容易出現愛
面子、逞口舌之快、好辯、得瑟、顯擺，甚至激進的情況。

智者的第二種形象，叫「慧」。慧，是一種高級的覺知能
力，是一種超越感官、直接領悟真理的能力。只有「慧」，沒
有「智」的人，通常看起來傻傻的，接近天真者原型。這類智
者，分析、邏輯能力不是太好，記憶力也一般，沒辦法頭頭是
道的去論述知識，但直覺力卻很強、靈性層次比較高。

感性的人在秋天，看到黃葉、枯葉從樹上落下，有感於別
離、蕭瑟的意象，不免覺得悵然；但是，有慧根的人不會有悵
然的情緒，他們會說：「秋天到了，葉子掉落是自然現象，就
像每年春天，樹枝都會長出新芽一樣，這是自然的循環，不需
要為這個現象感到悲傷。」他們的對世界的認識，不是依賴感
官和理智，而是靈性層次的豁達通透。

這類型智者，會觀察宇宙運行的規則，也領悟了一些真
理，所以雖然看起來天真天真的，實際上卻比很多知識淵博的
人活得更自在。

智者的第三種形象，就是有「智」也有「慧」，智慧兼具，
相輔相成，是一種身、心、靈平衡且高度發展的人類，擁有感

知、知識、記憶、理解、聯想、情感、邏輯、辨別、計算、分析、判斷等多種能力，比較符合大家對智者原型的期待。

智慧不但讓他們可以深刻地理解人、事、物、社會、世界、宇宙、現狀、過去、未來，擁有思考、分析、探求真理的能力，也使他們做出通往成功的決策。

在戲劇裡，智者常以 3 種角色出現，一種是智慧老人、化外高人，像電影「魔戒」裡的白袍巫師甘道夫、歷史上 83 歲才被周文王拜為老師的姜太公、漢高祖劉邦的謀臣張良。第二種是儒雅、入世的青年智者，像諸葛亮、電視劇「風中奇緣」裡的莫循、「琅琊榜」裡的梅長蘇、「老九門」裡的解九爺。

最後一種，是與英雄原型結合的智者，為了塑造人物魅力，戲劇裡這樣智勇雙全的角色很多，「喬家大院」裡的喬致庸、「風中奇緣」裡彭于晏飾演的衛無忌、「老九門」裡的佛爺張啟山、「偽裝者」裡的明樓和明台、「楚喬傳」裡的宇文玥、「那年花開月正圓」裡的周瑩、「延禧攻略」裡的魏瓔珞、「鬼吹燈之精絕古城」裡的胡八一……，都帶著符合觀眾期待的主角光環。

魅力台詞

智者原型的人，博學多聞、窮究真理、理性冷靜、思緒縝

密、深謀遠慮、臨危不亂。聲音特質理智、內斂、淡定，帶有「冷」的感覺，與英雄原型結合的智者，聲音裡會加入積極、血性的特質，特別適合講以下幾種內容：

1. 質疑、提問

智者原型是天生的「問號人」，問題特別多，只要一發現不合邏輯的地方，或是遇到任何不了解、想不通的事，職業病一定會發作：大膽假設、小心求證，追根究柢，找尋真理；而他們說服別人常用的方式，也是提問。

智者原型除了愛講精煉的智慧之語（金句），最常使用的句型就是「問句」。

「偽裝者」明樓：「那麼你想過沒有？這件事情既然沒有公文許可，而他那麼久都沒有被調查，真的是上面不知道嗎？」

「楚喬傳」宇文玥教訓楚喬：「這是強者為王的世道，身為弱者，憑什麼為別人討公道？」

2. 給建議

人世間的諸多問題，智者原型大概比其他原型還要早就思考過了。你可以想像智者原型腦袋裡有很多處方箋，當你帶著問題來找他時，他會先問診，望聞問切一番之後，從腦袋裡提取一個處方箋、一個建議給你解決問題。智者的超能力之一，

就是發錦囊，層次低的智者，喜歡亂發錦囊，老愛給別人建議；層次高的智者，是主動求教或求救於他，才會發錦囊。

電視劇「貞觀之治」魏徵：「現在臣認為……。」

電視劇「英雄」范蠡給勾踐的建議：「此乃天下至柔與天下至剛之間的一份較量……。」

3 說明、講道理

智者原型擅長申論，有一種說明，叫據理力爭、力排眾議，像諸葛亮的「舌戰群儒」，雄辯滔滔，說服了東吳聯盟抗曹；還有另一種說明，叫出口成章、頭頭是道，他沒有要辯論，而是很有條理地講出自己深思熟慮後的觀點，莊子在趙文王面前「巧論三劍，一言興邦」帥氣得不得了！

我常覺得能不卑不亢、完整講述觀點的人，背後都有光環，充滿了知性魅力。

「琅琊榜」梅長蘇替靖王選生日禮物給皇帝的理由：「若是在往年，隨便送點什麼倒也無妨，可是今年皇上對靖王的恩寵明顯加重了，如果一點表示都沒有，那就是大大的不妥……。」

「新三國」諸葛亮舌戰群儒：「蘇秦，佩六國相印；張儀兩次相秦，皆有安邦定國之功，絕非恃強凌弱、避死貪生之徒。而時下有人一聽說曹操擁軍百萬，且不問虛假真實，即刻欲叩首乞降，這等人還敢笑蘇秦、張儀嗎？」

4. 拒絕

　　用冷靜的聲音拒絕，比用激動的聲音拒絕更有力道，因為智者原型在拒絕時，完全不放感情，冷到底，讓人找不到動搖的縫隙。

5. 反擊

　　智者原型在口頭上的反擊不是激動的那種，而是冷靜地挑出你話語裡邏輯有問題的部分，一一分析、拆解，理直氣壯挫你銳氣之後，再說出強而有力的觀點來反擊。智者的武器不是刀劍槍砲，而是謀略和口才。

　　電視劇「外科風雲」男主角莊恕反擊傅博文院長：「傅院長覺得誰能指使我？又為什麼指使我來做這事？」

點燃他人心中智慧之火

思考智者說的話，像智慧之火，點燃心中追尋真理的火苗，帶給我們一個又一個的「啊哈」！智者讓人放下對知識、對自我的執著，活出更真實、更接近本質的樣貌，活得有尊嚴又謙卑。

智者原型練習台詞

電影對白

- 「我們所要做的是提升生活品質，而不是延緩死亡。」（電影「心靈點滴」）
- 「能解決的事，不必去擔心；不能解決的事，擔心也沒用！」（電影「火線大逃亡」）
- 「也許兇狠殘暴的底下，只是不被了解和孤僻！」（電影「大智若愚」）
- 「你不可能改變一件事情，卻不傷害到人！」（電影「蝴蝶效應」）

生活場景

1. **質疑：**「這個圖檔我以前看過，你要不要確認一下有沒有侵權？」（參考示範音檔編號010）

010～014

2. **給建議：**「經理，關於這個案子，我想關鍵在於重新贏回客戶的信任，所以我想了3個解決方案，可以跟你借15分鐘，請你聽聽看嗎？」（參考示範音檔編號011）

3. **說明：**「一輛好的配送車，能比同型貨車增加22%的載貨空間，並節省30%的上下貨時間。貴公司所配送的文具用品體積不大，但大小規格卻相差滿多的，而且貴公司的客戶多半是一般中小型企業，甚至是微型企業，客戶數量多且密集，是屬少量多次進貨的形態，一趟車平均要裝載50家客戶，因此上下貨的頻率非常高，挑選費時，並常有誤拿的情形發生。如何正確、迅速地在配送車上拿取客戶採購的商品，是提高效率的重點……。」（參考示範音檔編號012）

4. **拒絕：**「我很感謝你讓我知道你的想法，但我認為這不合理，很遺憾，我不能答應你。」（參考示範音檔編號013）

5. **反擊：**「我可以等你冷靜下來，我們坐下來好好談一談，但如果你再繼續對我人身攻擊，我一定會採取法律途徑來處理。」（參考示範音檔編號014）

丑角的魅力台詞

放鬆自在的搞笑力量

從小到大看了那麼多戲，我有一個很強烈的感覺：沒有丑角的戲，還真是難看！

戲劇圈裡有個現象叫「千生易得，一丑難求」，在觀眾極為重視顏值的時代，有實力的丑角更顯難得。我喜歡看上海東方衛視的「極限挑戰」。在「極限挑戰」裡面，小豬羅志祥是個渾然天成的丑角。這裡要特別說明一下，丑角的這個「丑」字，講的不是外貌、外表美醜的「醜」，而是戲劇裡生、旦、淨、丑等四大行當的這個「丑」。丑，是戲劇裡專業分工的一個項目，負責插科打諢，以現在流行的說法，就是「搞笑擔當」。

說小豬羅志祥是丑角，不是說他長得醜，而是他稱職的扮演了「搞笑擔當」，也就是丑角。事實上，他是我見過最帥的丑角。小豬在「極限挑戰」所詮釋的丑角，掌握了幾個重要的特點：

1. 很放鬆

「自在」的前提是「放鬆」，人沒有放鬆，是自在不起來

的;一個很緊繃的人,不會出現自在這個狀態。小豬的自在來自他的自信和放鬆,他不需要端個巨星範兒或帥哥範兒,像個「乾隆官窯精品瓷器」似的要眾人捧著,就怕不小心掉地上摔碎了,搞得大家很緊張;相反的,他很放鬆,鬆到隨時都可以耍寶、接哏、調侃豬隊友,或者機智地應對突發狀況。

我記得有一集,他和孫紅雷拿到節目組給的火車票,孫紅雷發現自己的是硬座,而小豬是臥鋪。孫紅雷的年紀比小豬大,他想用娛樂圈前輩的地位說服小豬跟他交換火車票。

孫紅雷說:「我要坐 10 個小時火車,硬座!」

小豬調侃他:「硬座誒,10 個小時,你會長痔瘡我跟你講。」

孫紅雷問:「你忍心讓前輩在那兒坐著?你說你出道幾年?」

小豬接話:「可是我出道 22 年……。」

此話一出,孫紅雷尷尬了,根本無言以對,小豬真是神回覆!我狂笑到不行,佩服小豬的自信與自在。

2. 偶爾耍詐、用高情商化解僵局

丑角原型不是乖乖牌、好學生,除了搞笑之外,偶爾還會用無賴狡詐的行為繞過障礙或規則。小豬羅志祥在「極限挑戰」也發揮了丑角的調皮,耍了一下孫紅雷。

　　第一季第 2 集裡小綿羊張藝興的箱子被孫紅雷搶走了，小綿羊心有不甘、生氣，黃磊、黃渤勸了老半天都沒用，現場氣氛有點尷尬。調皮的小豬趁孫紅雷不注意的時候搶回了小綿羊的箱子，一下就解了他的氣，把氣氛給圓了回來。

　　丑角原型的耍詐，不是帶有惡意、要陷害人的那種；而是在不破壞遊戲規則的前提下，用比較有創意的方式解決問題，這需要極高的情商才行。否則他的耍詐會得罪一票人，日子會不好過，就不符合丑角原型的享樂主義了。

3. 很溫暖

　　丑角原型不在乎光環、好處有沒有在自己身上，也不在乎輸贏，在乎的是大家快不快樂，丑角以「把快樂帶給別人」為榮。

　　「極限挑戰」最後一期，小豬不忍心孫紅雷沒有保護自己的工具，先送了一張護身符給孫紅雷。後來張藝興、孫紅雷、小豬三人自作聰明把護身符拿去影印，結果卻把正版的護身符忘在影印店裡，孫紅雷發現後急了，有點兒要責怪小豬的意思。小豬二話不說，又掏出一張護身符送給孫紅雷，最後自己只剩一張。你說他傻嗎？他其實穩穩地捍衛住了丑角原型的精神，把他的聰明貢獻在讓別人快樂的手段上，所以我都說丑角是戴著面具的智者。

 魅力台詞

作為這麼特別的一個角色原型，丑角講哪些類型的台詞會最有魅力呢？我們來聽聽看：

1. 搞笑、講笑話

這是丑角原型的主要功能，也是天賦，用搞笑的聲音講搞笑的話，把大家逗得樂呵呵，就是一種敬業。周星馳「唐伯虎點秋香」之小強你不能死：「小強！小強！你怎麼了？小強、小強你不能死啊！」

2. 自嘲、調侃、坑隊友

丑角原型向來是「自黑（自嘲）無極限、專業坑對友」。

畫龍點睛之妙

通常一部沒有丑角的戲，節奏不是太平淡，就是太緊張，要嘛讓人看不下去，要嘛讓人喘不過氣。可見丑角對於戲劇來說多麼重要，難怪內行人都會說：「無丑不成戲」。

他們沒有身段、沒有偶像包袱，自嘲是一種幽默的表現方式，卻也不會委屈自己來取悅別人。

丑角調侃別人的時候，會像老子《道德經》裡講的：「直而不肆」，也就是損人損得很直白，卻無傷大雅，不會放肆到傷了人。

3. 暖場、打破僵局

我們當講師的，有時候會碰到比較冷的場子，這時就要善用丑角原型的能量，講個笑話或段子化解學員隱藏的敵意，透過成功的暖場揭開課程序幕。當衝突的雙方僵持不下時，丑角原型「打哈哈」的能力一絕，常常能夠把劍拔弩張的氛圍給「喬」到心平氣和，甚至皆大歡喜。

「外科風雲」陳紹聰點破莊恕吃陸晨曦的醋，用連珠炮似的台詞打破莊恕和陸晨曦的僵局：「從你們倆認識第一天起，這點破事就沒完沒了，在醫院吵、回了家還吵，不就是做個手術嗎？誰做不一樣啊？吵來吵去就是這些大道理，也沒什麼新鮮玩意兒。你們倆也真夠恩愛的，吵到現在還沒吵煩？我跟你們說，你們要是結婚了，生的孩子以後肯定被你倆煩死，我這是沒錢我住你這兒，但凡我有錢我絕對不跟你們住一塊……。」

丑角原型練習台詞

電影對白

- 「好折凳！折凳的奧妙之處，它可以藏在民居之中，隨手可得，還可以坐著它來隱藏殺機，就算被警察抓了也告不了你，真不愧為7種武器之首！」（電影「食神」）

- 「命中注定的真愛，就算你跟他說太陽會從你屁股升起，他也會相信。」（電影「鴻孕當頭」）

- 「以我這種人才拜在你們門下，我除了說恭喜之外也不知該說什麼了。」（電影「賭俠」）

- 「我一秒鐘幾十萬上下，我會和你去踢球？」（電影「少林足球」）

- 「這個時代真好，當我說我想靜靜時沒人問我靜靜是誰。」（電影「乘風破浪」）

生活場景

1. **搞笑：**「你們知道什麼動物最浪漫嗎？」、「答案是候鳥，因為候鳥會『壁咚』（避冬）！」（參考示範音檔編號015）

015～018

2. **自嘲：**「我雖然不高，不過幸好到目前為止，還沒有遇過按不到樓層按鈕的電梯。」（參考示範音檔編號016）

3. **暖場：**「各位同學，光陰似箭，歲月如梭，在我們畢業那年出生的孩子，今年也已經成人了，歡迎各位排除萬難來參加今天的同學會。欸！話說大家也都40好幾了，可是我看現場有幾位女性朋友看起來不到30歲，不知道她們是不是走錯場子了，不如我們翻開畢業紀念冊來核對一下吧！」（拐著彎讚美女同學駐顏有術）（參考示範音檔編號017）

4. **打破僵局：**「等等，再這樣講下去我們應該會打起來，我覺得有必要在我們打起來之前，整理一下到目前為止的共識，等一下打完才不用從頭再講一遍。」（參考示範音檔編號018）

情人的魅力台詞

親密連結的幸福力量

　　不管是在真實生活，還是在戲劇中，情人都不會是某個角色的唯一原型，情人這個原型多半是其他原型走到了生命的某個階段，遇到了喜歡的人，才發展出來的原型。

　　既然如此，我們就來看看情人原型跟其他原型的組合樣貌，品味一下情人的眾生相。

　　（1）英雄原型＋情人原型。這類情人，男的叫「白馬王子」，女的叫「御姊」。白馬王子擁有武力，白馬就是武力的象徵，王子以保護自己的公主為職志。而御姊型的情人，氣場強大，在各方面都非常獨立，有時會獨立過頭，忘記示弱、溫柔也是一種武器，「楚喬傳」裡的楚喬是代表人物。

　　（2）梟雄原型＋情人原型。梟雄型的情人，男的叫「霸道總裁」，女的叫「女皇」或「娘娘」，控制慾非常強，在關係裡是強勢的一方，會以各種手段逼迫另一半聽話照做。電視劇「杉杉來了」裡面的大老闆封騰、「虎媽貓爸」裡認為「沒有做不成的事，只有不做事的人」的虎媽畢勝男屬於這一類。

　　（3）天真者原型＋情人原型。這類型的情人，年紀一般不大，男的叫「呆萌少年」，女的叫「傻白甜」。電視劇「杉

杉來了」裡面的薛杉杉、「秦時明月」裡還沒有蛻變的荊天明，都是天真者型的情人。

（4）智者原型＋情人原型。智者原型的情人，不論男女，都適用於「高冷」這個形容詞。他們智商高，對人的防衛比較多，而且很嚴肅，不容易親近，要真的很愛對方，才會展現出柔軟的一面。電視劇「楚喬傳」裡的宇文玥、「歡樂頌」裡的安迪，都是比較偏智者型的情人，當然，他們也同時帶有英雄特質。

（5）丑角原型＋情人原型。丑角原型的情人渾身喜感，是愛情裡的弄臣，很會逗另一半開心。電視劇「秦時明月」裡喜歡醫仙端木蓉的墨家首領東郭植、「歡樂頌」裡古靈精怪、肆意灑脫、率性犀利的曲筱綃，這些都有丑角情人的特質。

（6）王者原型＋情人原型。這樣的原型組合，有胸襟、有高度、有能力、有資源，一旦被他們愛上，不但有面子，還有裡子；他們的愛，同時滿足了另一半情感面、精神面和物質面的需求，羨煞旁人。電視劇「那年花開月正圓」裡的暖男吳聘少爺、「杉杉來了」裡面的封家大小姐封月。

（7）照顧者原型＋情人原型。東方人的家庭，很容易培養出照顧者型的情人。這類型的情人，以照顧另一半為使命，不管男生、女生，都任勞任怨扛著「賢慧」的招牌。電視劇「致單身男女」裡的暖男建築師方啟宏、「武神趙子龍」裡暗

戀趙子龍的李飛燕，都是照顧者型的情人。

（8）凡夫俗子原型＋情人原型。凡夫俗子型的情人，談戀愛沒有什麼遠大的目標，最主要就是有個伴能一起過平凡的日子，一起下廚做便當、一起熬夜打遊戲、一起陪朋友喝酒罵老闆……，平凡的生活也能充滿著甜蜜。

魅力台詞

當情人原型在體內覺醒的時候，講以下這幾種台詞會特別有魅力：

1. 告白

喜歡一個人，找適當的機會親口告訴對方，誠懇、勇敢地說出自己內心的感覺、想法，加點「氣音」是很好的。千萬不要欲言又止、嘻皮笑臉，或是矯情。

「楚喬傳」宇文玥對楚喬的兩段告白：「妳啊，和她們不一樣。如果我說，我想分享妳的夢，妳信嗎？」、「我也需要妳，可感覺到嗎？」

「那年花開月正圓」吳聘對周瑩的告白：「我的確是對不起她，並不是因為我沒有娶她，而是因為，我很高興我娶的人不是她。妳知道嗎？當我從昏迷中醒來，發現和我成親的人是

妳而不是她的時候，我有多高興啊！就在那一刻，我知道我愛的人不是她，是妳！」

「漂亮的李慧珍」林一木對李慧珍的告白：「我所做的這一切，都是我想做的、我願意做的。妳只需要做妳想做的就好了，因為妳開心了，我才會開心。」

「烈火軍校」顧燕禎對謝襄的告白：「我本來已經要走了，我本來已經決定把妳讓給他了，現在我反悔了，謝襄，這是妳自找的，妳聽好了，我愛妳，誰也阻止不了我。」

2. 知心話、情話

當兩人關係進入到很親密的階段，知心話、情話是很滋補的，要找機會多跟另一半講講。體己話不適合一對一跟其他異性講，免得人家會錯意，引來不必要的麻煩。

「那年花開月正圓」吳聘、周瑩夫婦看月亮的對話：

吳聘：「是不是那天晚上的月亮？」

周瑩：「是。其實，只要你在我身邊，永遠都是那天晚上的月亮。」

「小女花不棄」女主角花不棄因為柳青蕪的挑撥而吃醋生氣，男主角陳煜（蓮花客）哄妻甜死人不償命：花不棄一氣之下不小心用刀劃傷了陳煜的手掌，緊張又心疼的說：「你怎麼不躲呀？以你的功夫，要躲開我不是很容易的嗎？」陳煜一把

將花不棄攬進懷裡，回答：「面對妳，我躲不了。」

「杉杉來了」第16集男主角封騰向女主角杉杉說明不過情人節的原因：

封騰：「我父母是在情人節這一天出遊，車禍去世的。當妳第一次送我禮物，提醒我過情人節的時候，我就想告訴妳。但是當我知道這是妳人生當中第一個情人節的時候，我沒有辦法開口。

我曾經有一個我深愛的女人，就是因為我不能陪她度過情人節，所以她跟我分手了。我知道這天對於女孩來說有多重要，但是我不能允許在這一天以任何的形式慶祝。薛杉杉，跟我在一起妳永遠都過不了情人節，我帶妳來這裡，是希望妳可以安心，但是我卻發現妳的話愈來愈少、愈來愈不開心……。」

杉杉：「所以，你對我說的話也愈來愈少……。」

封騰：「因為我知道妳想要對我說什麼……，妳想要跟我一起過情人，想要跟我一起慶祝我們在一起……，對不起……。」

杉杉：「封騰，那天我去辦公室找你，其實想告訴你，我們不過情人節了。但是，我現在改變主意了，有些情侶，一年只有這一天過得像一對戀人，而我們，這一天紀念你的父母，其餘的每一天，我們都過得像情人節一樣。」

3. 示弱、討拍、撒嬌

在愛人面前示弱、討拍、撒嬌是很自然的，這是一種信任對方的表現。

「慶餘年」男主角范閒、女主角林婉兒臨別前的對話，沒有矯揉造作的表現，而是兩人情深義重的互相撒嬌：

婉兒：「你要做的事，我不攔你。但是你要我不擔心，我做不到。」

范閒：「婉兒……，不如走之前讓我抱一下。」婉兒遲疑，沒有擁抱范閒。

范閒：「天亮了，我得走了。」范閒轉身往外走，婉兒從背後環抱住他。

婉兒：「我會日日憂心，若不想讓我傷神，一定要回來。」

4. 化解防衛

「杉杉來了」最帥男配角鄭祺是杉杉的主管，他為了設計一款名為「生活能量」的 APP，而杉杉正好是他這款 APP 的目標市場對象，因此鄭祺以他的魅力之聲化解杉杉的防衛，讓杉杉說出真心話：

鄭祺：「那妳能告訴我，妳想要的生活，是什麼樣的？」

杉杉：「我理想的生活啊？」

鄭祺：「嗯！」

杉杉：「我理想的生活，哈！通過試用期！」

鄭祺：「呵⋯⋯，我懂妳！妳放心，這跟試用期沒關係，是我個人請妳幫忙。」

杉杉：「你個人？」

鄭祺：「嗯，妳願意幫嗎？」杉杉點頭。

鄭祺：「那妳告訴我，妳想怎麼樣使用『生活能量』？」

杉杉：「嗯⋯⋯，我喜歡規劃，我覺得『生活能量』最大的缺點啊，就是只能記錄，不能綜合規劃。如果說你工作、約會都能結合到一起，就比如說我的工作，還有我男朋友的工作、開會、聚餐的時間可以一目了然⋯⋯。」

5. 互懟、互撩

這是情人原型專屬台詞，必須是兩心相許，或是一方想追

讓人放鬆的暖心之聲

每種不同原型組合的情人，在熱戀情境中，聲音都會比平常溫柔、暖心、有磁性。愛，是生存的本能，也是一個人跟世界上其他人、事、物連結的基礎。在愛裡面，人才能真正放鬆、柔軟。

求、另一方不反感的曖昧情況下才能進行的。「烈火軍校」顧燕禎、謝襄互懟：

顧燕禎：「唉，我可是病人⋯⋯。」

謝襄：「沒看出來，生龍活虎的，比我強多了。」

顧燕禎：「怎麼了？傷口又疼了？」

謝襄：「沒有。」

顧燕禎：「讓我看看。」

謝襄：「不用看。」

顧燕禎：「哎呀，讓我看看。」

謝襄：「（手）拿開！一會兒我媽看見了。」

顧燕禎：「看見就看見啊！偷偷告訴妳，妳媽老喜歡我了，看我那眼神，就像在看未來女婿一樣。」

謝襄：「不要臉。」

顧燕禎：「真的啊！」

情人原型練習台詞

電影對白

- 「因為妳讓我想變成一個更好的人。」（電影「愛你在心口難開」）

- 「答應我，一醒來就要在我身邊！」（電影「當我們黏在一起」）

- 「我該如何戒掉你？」（電影「斷背山」）

- 「曾經有一份真誠的愛擺在我的面前，但是我沒有珍惜，等到失去的時候才後悔莫及，塵世間最痛苦的事莫過於此。如果上天可以給我個機會再來一次的話，我會對這個女孩說我愛她。如果非要在這份愛加上一個期限，我希望是……，一萬年。」（電影「大話西遊」）

生活場景

1. 告白：「有件事我一定要跟你說：雖然我不確定你是不是喜歡我，不過我從第一眼見到你，就對你有很不一樣的感覺，而且我發現我愈來愈喜歡

019～022

你！我想問你，我們有沒有可能從朋友變成戀人？」（參考示範音檔編號019）

2. **知心話：**「謝謝你一直承擔著大部分的責任，壓力再大你也不敢鬆懈，我其實滿心疼的。想跟你說，如果有任何我能幫上忙的地方，請一定要跟我說，能幫你分擔一些事情，也是一種幸福。」（參考示範音檔編號020）

3. **示弱：**「我知道你對這件事不是太滿意，不過拜託先不要怪我，我現在又累又脆弱，你可以抱我一下嗎？」（參考示範音檔編號021）

4. **化解防衛：**「你最近好像變得比較悶，能告訴我怎麼了嗎？我想知道有什麼地方是我能幫上忙的。如果你不方便當面跟我說，也沒關係，傳LINE給我也OK，我希望我是你可以信任的人。」（參考示範音檔編號022）

照顧者的魅力台詞
不求回報的溫暖力量

照顧者原型和情人原型很類似，也是其他原型走到了生命的某個階段，有了想要照顧的人，才發展出來的原型，通常從擔任教導、治療、幫忙或照顧的角色開始。

當其他原型加進了照顧者原型的特質時，也會出現不同的組合樣貌，我來說明一下：

（1）英雄原型＋照顧者原型。這類型的照顧者，主要透過「武力保護」來表現他們的照顧。有他在，沒人敢欺負你。電影「葉問」裡的葉問師父在好友清泉的棉花廠挺身而出，痛擊來找麻煩的山賊金山找，還教導棉花廠工人練詠春拳自衛，就是屬於這種比較陽剛方式的照顧。

（2）梟雄原型＋照顧者原型。梟雄型的照顧者比較可怕，他們會「高壓控制」甚至虐待被照顧者，在他們的控制之下，被照顧者其實比較像囚犯。

電視劇「虎媽貓爸」裡的虎媽畢勝男，望女成鳳，她認為女兒的人生，就是她的戰爭，對女兒茜茜有很多要求，嚴厲程度到達了變態等級；「偽裝者」裡特務頭子王天風對學生明台的磨練，也是到了一個沒人性的地步。

（3）天真者原型＋照顧者原型。天真者的照顧很可愛、很單純，他覺得你需要被照顧的時候，會用他能力所及的方式來表達。「瑯琊榜」裡的飛流就是用他的絕世武功來保護、照顧他的蘇哥哥。

我有時太累，在沙發上睡著，我家小孩怕我著涼，就會去房間裡把棉被抱出來，悄悄地為我蓋上，很感動。

（4）智者原型＋照顧者原型。智者型的照顧者，不管生活起居，管的是教導、提供策略。他們對被照顧者的保護不是透過武力，而是透過謀略。電視劇「新三國」裡，老臣諸葛亮為了照顧、輔佐幼主劉禪，煞費苦心，蒼老得更快了；「偽裝者」裡的大哥明樓、二哥明誠，對小弟明台的照顧，也是費盡心思、絞盡腦汁。

（5）丑角原型＋照顧者原型。這樣的組合，通常是晚輩對長輩，二十四孝裡，老萊子綵衣娛親就是很經典的表現。耍寶逗老人家開心，他們照顧的是老人家心裡的感受，很不容易。

（6）王者原型＋照顧者原型。王者原型的照顧，是調度資源，想辦法給予被照顧者安穩的生活，以及負起教化的責任。像是國家領導人、地方父母官照顧老百姓，或是企業老闆照顧員工、家長照顧他的家庭……。

（7）情人原型＋照顧者原型。情人加照顧者原型，是以

照顧另一半的生活起居為主要任務。照顧層面包括了食、衣、住、行。他們特別擅長烹飪，用美食抓住被照顧者的胃、用溫柔的方式抓住被照顧者的心。

（8）凡夫俗子原型＋照顧者原型。凡夫俗子原型的照顧者，主要是透過「提供服務」來照顧別人。提供打掃、托嬰、看護、家事、美容美髮、按摩、跑腿、排隊、代駕、銷售等各式各樣的服務，來照顧需要他們服務的人。

魅力台詞

每一種不同原型組合的照顧者，在需要照顧別人的時候，講話都會變得比較親切、溫暖、和藹或慈祥，只有梟雄除外。當照顧者原型發展時，講以下這幾種台詞很有魅力。

1. 關心、關懷

關心、關懷的話語，照顧者原型講起來特別暖心，你會聽得出來那份真誠，不是要來套你話，或打聽八卦，純粹希望你好好的。這裡的功課是要拿捏好分寸，不要讓關心變成嘮叨。「杉杉來了」杉杉爸、媽打電話給在遠地工作的女兒：

深夜在公司加班的杉杉接起電話：「媽。」

杉杉媽：「杉杉啊，妳怎麼好久都沒打電話回家報平安了

啊？是不是交男朋友了呀？」

　　杉杉爸搶過電話：「杉杉啊，爸不是嚇妳，外面有很多壞男人，妳女孩子一個人在外，千萬要小心，別受委屈啦！」

　　杉杉媽：「杉杉啊，如果有認識不錯的男孩子呢，就帶回家來看看吧！」

　　杉杉爸：「對對對！帶回來，妳老爸有一副火眼金睛，什麼妖魔鬼怪，老爸一眼就看出來。」

　　杉杉媽：「杉杉啊，那個……，在大城市生活都挺不容易的，媽呢，也希望有個好男人來照顧照顧你……，杉杉啊，在大城市生活，可不比在家裡啊，要多長幾個心眼，知道嗎？」

　　杉杉：「嗯，我這裡……，不過就是，就是……，就是忙了點，需要點兒時間適應。」

　　杉杉爸：「杉杉啊，妳要真適應不了，大不了就回來，老爸養妳！」

　　「那年花開月正圓」丫鬟春杏關心少奶奶周瑩。

　　春杏：「雖然我只是個丫鬟，也沒讀過什麼書，也沒有妳有本事，但是我也了解少爺，他一定不願意讓妳為他守一輩子的寡，妳不應該這麼過一輩子。」

2. 安慰

　　當你受了委屈、遇到挫折、氣餒的時候，找個照顧者原型

的人講講話，會比較快恢復元氣。照顧者具有高度同理心，他們的安慰不會帶著教訓，你不用擔心自己能量已經很弱了，訴苦之後還被捅一刀。「杉杉來了」暖男鄭祺在樓梯間看見杉杉在哭，出聲安慰受了委屈的杉杉：

鄭祺：「怎麼啦？哭成這樣，發生什麼事了？跟我說說，誰欺負妳了？」

杉杉啜泣……。

鄭祺讓杉杉靠在自己的肩膀上哄她：「哎呀，行了行了行了，別哭了，別哭了，行了……，哎呀，好了好了，不哭了不哭了不哭了啊！哎呀，不哭了，再哭成大熊貓了啊……。」

「楚喬傳」大梁太子蕭策安慰為情所困的楚喬：

蕭策：「喬喬，人生有很多條路，妳選擇了一條，就必須放棄另一條。妳是個傻姑娘，選了一條荒草滿地荊棘叢生的路，而另一條卻繁花似錦春風和煦。所以在被人拉扯的時候，心裡難免有些難過，這也是沒辦法的事。妳相信妳自己嗎？」

楚喬：「我當然相信啊！」

蕭策：「那妳相信燕洵嗎？」

楚喬：「相信。」

蕭策：「那妳就把你們荊棘叢生的路，走出萬丈光芒來。到那個時候，妳就會發現妳所付出的一切，全都值得。至於宇文玥呢，妳就要等他自己想清楚了，時間是劑良藥，只要不

死，任何傷口都能癒合。」

3. 療癒

有的照顧者，人生經驗很豐富，他們會無私地分享生活智慧；有的照顧者，人生經驗雖然有限，也一樣能慷慨的從對話裡釋出療癒的能量。跟這些照顧者原型的人對話，有充電的效果，真的是非常幸福！

台灣導演盧建彰的短片作品「下一個 10 年，你會在哪裡」，金士傑飾演的爺爺，跟孫女的對話：

爺爺：「明年就要畢業啦，要準備工作啦，會緊張嗎？」

孫女：「當然會囉！」

爺爺：「不要擔心，認真就好了。」

「延禧攻略」富察皇后開導魏瓔珞。

富察皇后：「有的時候，人定勝天是對的，如果在你前行的道路上，你遇到強大的阻礙，讓你無法再繼續前行，不要一心只想著目標，試著讓自己冷靜下來，集中精力把事情做好，也許，會有柳暗花明的那一刻。」

4. 開導、鼓勵

照顧者原型是心靈的軍師，也是忠誠的啦啦隊，在你迷惘的時候，為你指一條明路；在你沒電的時候，無條件送上感動

到你心裡的鼓勵，為你補充滿滿的電力！「溫暖的弦」張鈞甯飾演的溫暖，深夜打電話給她的心理諮商師李阿姨：

李阿姨：「溫暖，聽妳的聲音好像很疲勞啊？是最近又失眠了嗎？」

溫暖：「我發現，最近我好像愈來愈不受控制，明明就知道他身邊已經有了一個人，可是他的一句話、一個眼神，都還是會影響到我。我不知道繼續這樣子下去，到底好還是不好……。」

李阿姨：「那我問妳一個問題，妳想離開他嗎？」

溫暖沉默，沒有回答。

李阿姨：「妳看，妳自己已經有答案了，就算是痛苦，妳也選擇留在他身邊，不是嗎？」

溫暖：「嗯。」

李阿姨：「只有面對，才能夠打開心靈的枷鎖。我希望能夠早日看到，從前的那個溫暖。」

照顧者原型不求回報的溫暖能量，是人類得以生存、進化的基礎，我要再次感謝生命中所有的照顧者，沒有他們，就沒有現在的我。

照顧者原型練習台詞

電影對白

- 「只要有人開燈，即使在最黑暗的時候，仍然可以找到幸福。」（電影「哈利波特：阿茲卡班的逃犯」）

- 「我想你心裡清楚，你可以要求我做任何事，無論犧牲多大，無論何時，我都願意。我寫這段話不是要你感激我，因為你永遠不會真的需要我，但是你在孤單寂寞時，想想我這段話，也許能夠減少孤單的感覺。」（電影「小王子」）

- 「如果你相信我，我就會在你需要的時候一直陪伴著你。」（電影「小王子」）

- 「她如果有時候受挫了，我會等到她回來哭一場；如果她忍著不哭，好，那我可以燒一桌好吃的給她吃。」（電影「勝者為王」）

- 「我只能送你到這裡了，剩下的路你要自己走，不要回頭。」（電影「千與千尋」）

生活場景

1. **關心：**「這段時間你就放心接受治療，好好休養，把身體養好，你的工作我們會 cover，不用擔心。」（參考示範音檔編號 023）

023～026

2. **安慰：**「今天你還好嗎？遇到這樣的事情，心裡一定很不好受，如果你需要找人聊聊，隨時找我，我的手機不會關機。」（參考示範音檔編號 024）

3. **療癒：**「你受苦了，不過最壞的時刻都過去了，慢慢來，不要急，你一定會愈來愈好的。」（參考示範音檔編號 025）

4. **鼓勵：**「嘿！我跟你說，30 歲以前，都算是在職場的新手村，新手村只要做兩件事就好，一件是練功，另一件是解任務。任務解得愈多，你經驗值就愈高，不管你未來是要升遷還是跳槽，都會比較有籌碼，像你這麼優秀的人，如果勇敢一點去挑戰各種任務，30 歲以後在業界一定會變得很搶手。」（參考示範音檔編號 026）

王者的魅力台詞

富足平衡的圓融力量

英國電影「王者之聲：宣戰時刻」講的是喬治六世經歷了一連串的演說訓練，克服了口吃的問題，終於用鏗鏘有力的語調，向全國軍民發表了一場成功的戰時演說的故事。

如果不是喬治六世的哥哥愛德華八世（後來的溫莎公爵）為了迎娶辛普森夫人而選擇退位，喬治六世不需要繼位承擔這個演說責任。

身為英國國王，與離過婚的女子結婚，違背英國國教與王室繼承規定，浪漫的愛德華八世恨不得自己是平民百姓，可以不需要顧慮愛人的離婚紀錄，兩情相悅就能結婚。當時愛德華八世的爸爸約克公爵，恨鐵不成鋼的對他說：「如果你也是一般民眾，憑什麼能稱王？」意思是說，如果你不在乎宮廷禮數、憲政傳統，你就只能是個平民老百姓，沒有資格稱王。

這個問句點出了王者原型的核心精神 —— 當責。什麼是「當責」？當責這個詞源自於英文 accountability，承擔責任、負起責任的意思，也就是遇到問題或困難的時候，意識到自己就是那個必須負起責任的人。法國文學家伏爾泰有句名言：「雪崩時沒有一片雪花覺得自己有責任。」真是個神比喻！凡

夫俗子原型的人比較容易掉進所謂的受害者循環（victim cycle），遇到問題或困難的時候，總是唉聲嘆氣、怨天尤人、怪東怪西，就是不去想想自己需要負什麼責任。

王者原型剛好相反，他不抱怨、不哀嘆，王者的世界沒有受害者循環這種事，他能看到自己如何促成問題，王者遇到問題時的標準處理流程是：正視問題（面對問題）、擁有問題（把問題視為自己的責任）、解決問題（思考解決問題的方法），最後是著手完成。

愛德華八世是情人原型，只愛美人，不愛江山，為了不違反憲政傳統，他選擇退位。繼位的喬治六世，在二次大戰期間，必須承擔起鼓舞全國軍民的責任。怎麼鼓舞？那時沒有互聯網，最直接的方式就是透過廣播電台，向國境內所有人進行一場演說。問題是他從小就有嚴重的口吃，怎麼辦？

喬治六世有一段很經典的台詞：「如果我是國王，我的權力又在哪裡？我能宣戰嗎？我能組建政府？提高稅收？都不行！可我還是要出面坐頭一把交椅，就因為整個國家都相信，我的聲音代表著他們。」（*If I am King, where is my power? Can I declare war? Form a government? Levy a tax? No! And yet I am the seat of all authority because they think that when I speak, I speak for them.*）

這時他體內王者原型的能量啟動了，一個真正的國王，會意識到國境內瀰漫的恐慌，其實是反映了他內在的懦弱。他勇

敢面對自己的口吃問題，找專業語言治療師協助他，在訓練的過程中克服萬難，最後成功發表演說、凝聚民心，展現了動人的王者風範。

權力和責任彼此相伴而生，王者原型在掌權的同時，也承擔了相應的責任，所以不能任性而為，做任何選擇之前，都必須全盤考量。他得平衡自己與他人之間的利益，也要平衡他人與他人之間的利益，要負起管理的責任，妥善調度所有資源，確保國境內所有資源都能得到最佳的利用，務使國泰民安、百姓安居樂業，過上穩定、富足的生活。

大多數人都想過著富貴的生活，富貴有一種解釋：「有錢有權」，另外還有一種解釋是：「心中無缺叫『富』，被人需要叫『貴』。」王者原型能過上富貴的生活，主要原因還是心中無缺，而且被人需要。被人需要就是一種責任，王者原型透過整合其他原型的優勢特質，在內心修練成一種圓融、平衡的能量，對需要他的人負起責任，好好經營管理，王國便能興盛壯大。

魅力台詞

王者之聲聽起來很高貴（傳說中聽起來很貴的聲音），溫潤、包容又帶著不可侵犯的氣勢，王者原型講哪些類型的台詞

會最有魅力呢？我們來聽聽看：

1. 描繪願景

　　這是領導人的必備技能，透過描繪願景，讓跟隨者知道未來會往哪裡去，即使美好的未來不一定萬事俱備，也願意相信領導人能突破困境，帶他們到達應許之地。「鬼吹燈之怒晴湘西」潘粵明飾演的卸嶺魁首陳玉樓，在出發前往元墓下斗之前，把手下集合起來，說了以下這段話：

　　陳玉樓：「眾位弟兄，我卸嶺一派始於赤眉，打祖上起，就有將帝王財帛分與貧苦百姓之舉。世道輪迴，如今民生凋敝，百姓苦不堪言。我卸嶺弟兄，大多出身貧寒，理應為此亂世，獻出棉薄之力。今有湘西一帶寶地，內有金玉無數，都是百姓的血汗，我們正好可以效仿赤眉，秉承祖訓，並且與羅帥合作，取山中寶貨，濟亂世蒼生！」

2. 協調、凝聚共識

　　協調各方意見、凝聚團隊共識，也是領導人的日常。王者原型的思考，比其他原型來得全面、細膩，在施政時，必須有能力清楚說明，讓執行者抓到重點。另外，王者原型在平衡各方利益時，也必須有絕佳的協調能力，才能兼顧各方需求。

　　「貞觀之治」唐高祖李淵對兒子李世民說明為何要重用李

靖：「隋煬帝時候，李靖懷才不遇，如果我們現在對他加以重視，他一定會盡力施為。如果每個人都懷才不遇，損失最大的，不是他們個人，而是朝廷。我跟李靖在前朝，確實有些過節，不過那時候大家同朝為官，現在不同了，君臣名分早定，用不用他，在我。不用他，對誰都不利；用他，利他、利我、利大唐。」

「貞觀之治」唐太宗李世民：「改革，一定不會以削弱兵力為代價，這是當然的。咱們能不能想一個辦法，既不削弱兵力，又可以減輕財政壓力呢？」

3. 發號施令

王者發號施令的方式，跟英雄、梟雄不太一樣，英雄、梟雄通常比較激動，王者則是展現威嚴就已經足夠了。

「康熙王朝」孝莊太后：「你們要聽好，不管出了什麼事、有什麼危機，朝廷不可亂、天下不可亂。你們三個，悄悄地封鎖宮禁，加強九門守衛，沒有你們三人的聯名手令，京城周遭三百里內，禁止調動一兵一卒，違者，以謀反處置。」

4. 讚美、表揚

王者喜怒不形於色，要得到王者的肯定和表揚，非常不容易，因此王者哪怕只是淡淡的一句：「你做得很好」，也會給

人很大的力量。

　　「步步驚情」裡劉松仁飾演的康震天，是女主角張曉（劉詩詩飾）的老闆，上班時間他們剛好搭乘同一部電梯，董事長主動寒暄。

　　康震天：「怎麼樣？今天心情好像不錯哦？」

　　張曉：「還好，謝謝董事長關心。或者應該說，多謝您的提點。」

　　康震天看了一下張曉手裡提的袋子：「妳這裡拿的是什麼？」

　　張曉：「喔，給同事買的早點。」

　　康震天：「嗯，你們這樣的年輕人，在這個時候還願意為同事買早點，真是不錯。樂於助人的人，走到哪裡都會受歡迎的，好好幹吧，孩子！」

5. 徵詢、求教

　　真正的王者非常謙虛，他知道憑一人之智，無法全面做好管理工作。王者身邊有宰相、有弄臣、有文武百官，還有民間友人，必要時還得微服出巡，親自向百姓做市場調查。

　　「貞觀之治」唐太宗向魏徵徵詢改革之道：「那……，你對軍隊改革，有什麼看法？」

王者原型練習台詞

電視劇對白

- 「我江東文武，如果一半主戰，一半主降的話，那江東豈不是要分裂了嗎？兒如果想不出法子讓江東文武同心同德的話，兒就不配做這江東之主。」（電視劇「新三國」）
- 「吳家東院發家靠的是兩個字，一個是誠，一個是信，誠指的是貨真價實；信指的是信譽卓著。」（電視劇「那年花開月正圓」）
- 「對在座的掌櫃，只有一句話：用人不疑，疑人不用。對股東也是一句話：風雨同舟。對兄弟更是一句話：有難同當，有福同享。」（電視劇「那年花開月正圓」）

生活場景

1. **描繪願景：**「歡迎各位夥伴加入我們，我們的願景是結合科技與數據預測，打造一個讓客戶隨時可以造訪，並且能滿足各種學習需求的教育訓練平台。」（參考示範音檔編號027）

027～031

2. **凝聚共識：**「今年我們原本預計要達成 30% 的新會員成長率，但現在已經 7 月了，卻只達成 8%，大家覺得我們可以怎麼做，才能在剩下不到半年的時間裡達成目標？」（參考示範音檔編號 028）

3. **發號施令：**「請你把這份結案報告做得更完整一點，後天中午前把電子檔寄到我信箱。」（參考示範音檔編號 029）

4. **讚美、表揚：**「小凱，你進公司雖然還不到半年，業績達成率卻已經超過年度目標的 80%，工作各方面表現也讓大家非常欣賞，繼續加油，我很看好你！」（參考示範音檔編號 030）

5. **徵詢：**「Benson，我想撥一筆大約 100 萬的經費，來為同仁安排一些教育訓練的課程，你有什麼想法？」（參考示範音檔編號 031）

3分鐘重點學習

不同性格的人,都有屬於他們講起來最動人、最有力量的台詞,找出屬於自己最有利的說話情境。

- **天真者**:聲音純淨、隨心所欲,擁有單純的力量,特別適合講以下幾種內容:提問、請求;示弱、表白;讚美、讚嘆;簡單卻直指人心、充滿哲理的話。

- **凡夫俗子**:說話沒有明顯特色,可以向其他 8 種原型學習說話魅力:向英雄原型學承諾;向天真者原型學讚美;向梟雄原型學拒絕;向智者原型學提問;向丑角原型學自嘲;向情人原型學講知心話;向照顧者原型學安慰;向王者原型學求教。

- **英雄**:聲音堅定、氣勢飽滿,擁有磊落、堅毅的力量,特別適合講以下幾種內容:提議;承諾;說明目標;要求、命令或催促;警告、嚇阻;整肅秩序。

- **梟雄**:聲音不討喜,但用對地方、說對台詞,非常有力道:威脅、施壓;批評、控訴;耍賴;勸導。

- **智者**:聲音理智、內斂、淡定,帶有「冷」的感覺,特別適合講以下幾種內容:質疑、提問;給建議;說明、講道理;拒絕;反擊。

- **丑角**：戲劇裡專業分工的一個項目，負責插科打諢，講以下台詞最有魅力：搞笑、講笑話；自嘲、調侃、坑隊友；暖場、打破僵局。

- **情人**：在熱戀情境中聲音會變得更溫柔、暖心、有磁性，魅力台詞為：告白；知心話、情話；示弱、討拍、撒嬌；化解防衛；互懟、互撩。

- **照顧者**：照顧者講話會比較親切、溫暖、和藹或慈祥，講以下這幾種台詞很有魅力：關心、關懷；安慰；療癒；開導、鼓勵。

- **王者**：王者之聲聽起來很高貴，溫潤、包容又帶著不可侵犯的氣勢，魅力台詞為：描繪願景；協調、凝聚共識；發號施令；讚美、表揚；徵詢、求教。

如何與不同特質的人溝通

不同人格特質有不同思維模式，
透過非語言訊息觀察對方的溝通偏好，
選擇對方容易接受的方式溝通，
是讓溝通更順暢、更有效率的好方法。

前面談過了 9 大原型的性格特質、聲音特質，以及魅力台詞。現在，要來談談如何跟 9 大原型的人溝通、相處。

溝通，是訊息雙向流動的過程。每個人在說話過程中，會透過「語言訊息」與「非語言訊息」大量釋出關於他這個人的密碼。每一種不同的人格特質，都有不同的思維模式、長期情緒狀態。

透過非語言訊息觀察對方的溝通偏好，進而選擇對方容易接受的方式來溝通，是讓溝通更順暢、更有效率的好方法。

這並不是要你說謊（事實上也不必說謊），而是練習從不同原型性格的角度切入同一個溝通主題，根據溝通對象的原型，發展出不同「說服點」，不要期待只用一套溝通劇本，就想輕鬆說服所有人。

以我家都更改建案為例，雖然社區不大、戶數不多，但鄰居們的原型還滿齊全的。其中，英雄原型的 5 位住戶跳出來擔任都更改建發起小組的成員，負責跟每一戶溝通，英雄、智者、丑角原型的所有權人都很清楚都更改建的好處，條件談好即可；情人、照顧者原型對舊房子比較依戀，溝通時盡量動之以情；凡夫俗子原型則是配合度最高，服從多數。

最麻煩的是梟雄原型，情、理都沒用，必須找到人脈、法律面的籌碼，有技巧的把他們逼上談判桌，在公平原則下讓他們自己權衡利害得失，最後很有面子的簽下同意書。溝通從來

不是一件容易的事，況且又是牽一髮而動全身的都更改建案，所幸都更發起小組用對了溝通策略，最後整個社區 100% 達成共識，大家都有安全的新房子可以住。

常聽人家說「掌握人性就好溝通」，偏偏世界上最複雜的就是人性！9 大原型就是 9 種常見的人性，理解 9 大原型的人在關係裡重視什麼，選擇聰明的方式跟他們溝通，是這個章節要給你的禮物。

與天真者溝通

支持、陪伴、給快樂

天真者原型的人即便外貌已經是大人的模樣了，內在仍是個孩子，跟他們相處，基本上就是把他們當成小孩來對待。如果沒有認清這一點，一廂情願用成人世界的標準套在他們身上、逼他們快速成長，關係會斷線。

我有一個學生就是天真者原型，一個大學剛畢業的女生。她一開口說話，大家共同印象就是「天真可愛、涉世未深」。她在課堂上分享，她的媽媽是位典型的虎媽，從小只有她聽媽媽的、照媽媽的意思做，媽媽則是一點也不在乎女兒的心情，從不傾聽女兒說話。

有一次上游泳課，她忘了帶泳裝去學校。媽媽氣炸了，怎麼會連這麼本份的事都做不好？為了這件事，從她放學罵到睡覺，她在學校已經被體育老師處罰了，回到家連個溫暖的關懷、擁抱都沒有，還必須一整晚忍受媽媽口不擇言的怒罵，她不知所措，想解釋媽媽又不聽，只能一直哭。

我問她：「妳承認忘記帶泳裝這個粗心的錯誤嗎？」

她回答：「承認啊！忘記帶就忘記帶，我不是被老師處罰了嗎？我知道錯了呀！」

我又問她：「那天放學回家，妳期待媽媽怎麼對待妳呢？」

她沉默了幾秒，眼眶泛紅，欲言又止的回答：「如果能再回到那一天，我希望我媽什麼都不要說，抱抱我就好了。」

聽了這話，同班幾位當媽的學員們心疼地流下眼淚，一位大姊突然拍桌子說：「對啊！孩子又不是故意不帶泳裝，就是不小心忘了。不能下水已經夠丟臉，被老師處罰更不好受。回到家還被媽媽凌遲一整晚，那是一種被全世界遺棄的感覺，我懂！」我想，類似的經驗很多大人都有，只是他們忘記了。

我再問女孩：「後來妳跟媽媽的關係還好嗎？」她說：「我變成報喜不報憂，盡量不要給媽媽罵我的機會。心事都寫在日記本裡，鎖起來，也不告訴別人。」

可想而知，這對母女的心，離得很遠。雖然是血緣至親，彼此卻活在兩個不同世界，各自孤獨著。小姑娘來學對話，是為了她的男友，她知道不能用媽媽那一套跟男友相處，但又不知道怎樣叫做正常、正確的溝通方式，所以她來到了我的教室。

如果你有跟孩子相處過的經驗，大概會有感覺，天真者原型在關係裡重視的是單純、安全、和諧和支持。天真者原型的大腦沒辦法處理複雜、曖昧的關係，一旦信任，就是全然信任，他們需要單純、明確的關係，關係太複雜，會當機。

也由於對人的全然信任，他們也相信權威，即使這個權威者並沒有為他們的利益考量，一樣信任。白話一點來說，要把

天真者賣掉很容易，而且他們還會幫忙數錢，他們即使因此受苦，只要哄一哄，仍舊會相信自己是被愛的。直到有一天，在關係裡感受不到安全、和諧和支持，才會把自己封閉起來，或者，鼓起勇氣正視這段關係，面對成長的幻滅與痛苦。

溝通方式

如果你身邊有天真者原型的人，請把他們當作瀕臨絕種的保育類動物來保護，溝通時，請把握以下兩個原則。

1. 帶著尊重的關愛

天真者原型雖然單純，不代表沒有想法。在關心、寵愛他們時，一定要收斂控制欲。不要認為輩分比較大、階級比較高、經驗比較多，就用「我是為你好」這句話強迫他們，忘了尊重他們的意願、同理他們的情緒。健康的愛，是帶著尊重的。尊重對方是個獨立的生命體，有自己的想法和選擇，如果天真者原型的選擇有風險，可以進一步用對話的方式來引導他。

2. 正向引導

沒有人喜歡被糾正、被否定，包括天真者。如果你想保護天真者，要懂得營造安全、信任的對話氛圍，讓他願意把真實

的想法說出來，不需要否定他所說的，但可以問一些問題，讓他思考、給他希望，引導到正向的選擇。

不要急，不要期待一次對話就改變對方的行為，只要讓天真者感受到你真的想保護他，真的為他想，而不是想控制他，他就願意繼續跟你連線，甚至採納你的建議。

舉一個我家小孩的例子好了。有些家長，把 3C 產品視為洪水猛獸，甚至禁止孩子使用。不過我覺得偶爾玩玩益智遊戲、看一些卡通影片或教學視頻，可以給孩子不同啟發。於是我花了幾個晚上跟小孩對話，當時姊姊 10 歲、弟弟 5 歲，把我對他們可能上癮的擔憂告訴他們，也聽聽他們的想法。

後來他們自己訂了使用規則，包括可以玩的時間、項目和違規的處罰，時不時還會互相提醒：「不要被 Pad 控制」。我也不用擔心他們因為壓抑玩 3C 產品的慾望，影響到親子關係。

別讓天真者封閉內心

天真者害怕關係失去和諧，任何責備對他們來說都是攻擊，無力反抗下只能逆來順受，或封閉自己的心。他們需要待在覺得安全的環境，透過適當的引導成長，所以請多點耐心，好好說話。

與凡夫俗子溝通

同在、引導、能放下

中國歌手毛不易，發表過一首歌曲，歌名叫〈像我這樣的人〉，歌詞很接近凡夫俗子原型的心聲：

「像我這樣迷茫的人、像我這樣尋找的人、

像我這樣碌碌無為的人，你還見過多少人？

像我這樣庸俗的人，從不喜歡裝深沉，

怎麼偶爾聽到老歌時，忽然也恍了神？

像我這樣懦弱的人，凡事都要留幾分，

怎麼曾經也會為了誰，想過奮不顧身？

像我這樣孤單的人、像我這樣傻的人，

像我這樣不甘平凡的人，世界上有多少人？」

對未來感到迷茫、總是憧憬別人的生活，忙了好長一段時間卻沒見到成績、凡事都要保留幾分，就算想為了誰奮不顧身，也因為沒有付諸行動而在原地打轉。

常常覺得孤單，偶爾懷疑自己是不是真的只能這樣了；不甘平凡，卻又不知道怎樣才能不平凡，或者，當不平凡的機會就在眼前，終究還是因為習慣有所保留、不敢冒險投入而錯過。日復一日，覺得好累，於是漸漸甘於平凡，放下了心中的

理想，回頭享受小日子裡的小確幸。

這，就是人生，有甘有苦的人生，凡夫俗子原型的人生。凡夫俗子一生中都在追求 3 種說不出來，但對他們很重要的感覺，這 3 種感覺分別是：存在感、意義感、價值感。

先講存在感，團體裡的凡夫俗子對比風雲人物，極其沒有存在感。聚光燈永遠不會打在他們身上，連和大夥兒一起去 KTV 唱歌，都是去當分母的，搶不到麥克風，沒唱到半首歌，結帳時也得平均分攤。大夥兒相約一起去旅遊，常常忘了叫上他，覺得他有去沒去都一樣……。

缺乏存在感，就好像是多出來的一小片拼圖，覺得自己在群體裡是多餘的，導致難以跟其他人建立起連繫。凡夫俗子原型甚至連渴望「被重視」都不敢想，只要能被別人意識到他的存在，就很滿足了。

其次，沒有存在感，就不會有意義感。意義感怎麼來呢？來自於「被人需要」，而最強烈的意義感，來自於「做自己認為有意義的事，而且被人需要」。如果一個人做了自己認為有意義的事，但並沒有人需要他這樣做，當然，他也得不到相應的報酬或感謝，那麼，這個人存在的意義感很低；然而，這也是凡夫俗子原型最容易出現的執著，他會繼續做，因為他認為：別人遲早會需要。

相反的，如果一個人做了別人需要的事，但是他自己認為

做這些事沒有意義，他也不會快樂。比方說，一個在飯店的工作的服務員，如果找不到這份工作的意義，為了薪水，高不成低不就的做著，就會愈做愈麻木。

　　第三是價值感。人的價值感，來自於兩個方面，一個是「自我價值」，一個是「社會價值」。自我價值是指一個人發揮了他自身的體力、智力和潛能，做自己覺得有意義的事，而且得到了報酬、創造了財富；社會價值則是在滿足自身需要的同時，也滿足了他人和社會的需要。

　　凡夫俗子原型因為容易滿足現狀，又不太知道如何設定目標，所以一生中幾乎沒有發揮潛能的經驗。能獨立養活自己、不會麻煩別人、連累別人，或浪費社會資源，就是他存在的最大價值，只不過跟其他原型比起來，這樣的價值感比較沒有人會去注意、表揚。

溝通方式

　　與凡夫俗子原型相處，說難不難，說不難卻也有一些原則在裡面。

1. 放大他的存在：表達關心、表達看見

　　這個原則的重點在於「主動」。跟凡夫俗子原型相處，首

先要「意識到他的存在」，並且透過語言交流與他「同在」。
主動表達對他人的關心與看見，就是與他人同在。看見清潔阿
姨在辦公室裡辛勤打掃，主動向她問好，關心一下她的工作情
況，就是一種放大她存在感的表現。如果能再進一步觀察到她
的需要，滿足她這個需要對你來說剛好是舉手之勞，別遲疑，
去做吧！不為什麼，就為人與人之間那一點兒珍貴的緣份。

2017 年 10 月，我到上海拜訪朋友。深夜時分，我在下榻
酒店附近的便利商店買宵夜。一位加班加到沒公車搭的女孩，
也來買微波食品，輪到她結帳時，有位衣衫襤褸的伯伯走了進
來，眼巴巴看著剛從微波爐取出的湯麵。

女孩跟店員說：「這碗先給大爺吧，我再刷一碗。」伯伯
連忙說：「不要，那太貴了，我吃方便麵（泡麵）就行。」女
孩尊重伯伯的選擇，她說：「那好，您去挑一個，我一起刷
了。」伯伯去貨架上拿了一碗麵，女孩兒付了錢，店員趕緊用
熱水幫伯伯泡麵。

人性的光輝，就是閃現在每一個我們動心起念表達關心、
表達看見，並且願意付出行動的當下，謝謝這女孩兒的溫暖。

2. 肯定他的意義：表揚與引導

這個原則的重點在於「耐心」，並且要控制自己的「優越
感」，當一個人的優越感跑出來的時候，看別人都不順眼，老

覺得別人是笨蛋，這樣的人，講話、舉止不會有美感、質感。

當你發現凡夫俗子盡心盡力把一件事做好，千萬別視而不見，不但要去看到，還要真誠地讚美、表揚，表達肯定之意。當你覺得他沒有做好，也不要劈頭就罵，明確告訴他哪裡沒做好，耐心地指導他怎麼做。

怎麼指導？如果把一件事做好有 10 個步驟，務必一個步驟、一個步驟講清楚，要怎麼做、要做到什麼程度，盡量用他聽得懂的方式講給他聽。可以只講第一、第二個步驟，直接跳到第八、九、十個步驟，中間讓他自己去想嗎？答案是：不行！請你一個一個講清楚，凡夫俗子原型就得這麼耐心指導。

3. 提升他的價值：正向詮釋與鼓勵

大多數凡夫俗子原型不知道自己正在做的事有什麼價值，甚至對自己正在做的事感到自卑。

台灣當代作家東方白著名的小說作品《浪淘沙》裡，女主角丘雅信和男主角林仲秋因為一個過時的觀念，無法結婚。林仲秋一直在電力公司工作，到了中年，不幸罹患痲疾，身為醫生的丘雅信前去照顧他。有一天，他倆並肩坐在屋簷下，一邊看夕陽，一邊談心。

林仲秋挨著丘雅信，感嘆沒能為青春留下什麼作品，丘雅信用很溫暖的聲音告訴他：「當天色暗下來時，你的作品就要

登場了，到時整個台中州的燈火就會一個一個亮起來，比天上的星星還多。」這樣的詮釋，是不是很美呢？丘雅信這番鼓勵，把林仲秋在電力公司的工作成果，提升到一個令人神往的境界，讓我非常感動。

我認為「正向詮釋」這個對話技巧，是一件很棒的禮物，能讓很多人找到自己的價值，值得我用一生去推廣。

4. 放下對他的執著

跟凡夫俗子原型溝通，這第四個原則，是終極武器。當你已經表達關心、表達看見、表揚、引導、正向詮釋、鼓勵之後，你眼前這位凡夫俗子如果一點兒都沒有改變，還是陷在負面迴圈裡面，那只代表一件事：他的成長契機不在你這裡。

更多時候，凡夫俗子是不經一事，不長一智。需要成長、領悟的事，親自經歷過所得到的教訓，威力一定比從別人那裡聽來的還要大。

所以，當你該講的都已經講過了，他依然沒變得更好，請毅然決然放下對他的執著，閉嘴，然後祝福他，就行了。事已至此，多說無益，還是把專注力放回自己身上，忙自己該忙的事比較實在。

與英雄溝通
聚焦目標、講重點

電影「一代宗師」裡，宮老爺有句名言：「寧可一思進，莫在一思停。」英雄這個原型，在 9 大原型裡屬於行動派。層次低的英雄，不思考就行動，他們不怕頭破血流，就怕還能行動的時候，卻沒有行動；層次高的英雄，謀定而後動，在行動前思考、謀劃，也是一種前進。

宮老爺說「莫在一思停」，可沒說「莫在一思退」，如果退讓或放棄不適合的方法，重新選擇適合的，可以更快達到目標，對英雄原型來說，便不算「停」，他還是在「進」。總之，英雄是朝著目標不斷行動的人。

這樣的人，要如何相處呢？首先，還是要了解他在關係裡重視什麼。英雄原型在關係裡，重視 6 件事：目標、正能量、征服、熱血、勇氣、自律。

英雄原型的人比較容易跟「有共同目標」的人建立關係，不管是組織家庭、合夥創業、玩社團……。有共同目標，特別是充滿正能量的目標，讓他們有歸屬感，很熱血、很清楚知道為了什麼而奮鬥，而不是終日渾渾噩噩，言不及義。

因為有目標，中間不管碰到什麼困難，英雄原型都會想盡

辦法去解決、突破，勇敢挑戰那些不可能的任務，享受征服困難的成就感。如果他們的家人、同事、夥伴也都能自律而不依賴，用不同原型的能力跟他們分工合作、並肩作戰，像是祕書用照顧者原型幫忙處理瑣事、合夥人用智者原型獻策、老婆用情人原型作為他的後盾……，英雄原型的人會很珍惜這樣的革命情感。

珍惜？你可能會問，那些斬殺開國元老、遺棄糟糠妻、跟社團朋友借錢不還的人算什麼？我想，這些為了自己的私利，不惜犧牲夥伴的人，本來可能就是梟雄原型，只是偽裝得很好，你沒看出來；或者本來是英雄，可惜一念之差，走上了梟雄的道路。電視劇「楚喬傳」裡的燕洵，在九幽台事件發生之前，也是個陽光少年英雄，為了復仇，黑化變成梟雄，連配音的風格都跟著改變了。

講到這裡，倒是要提醒一下：新人笑、舊人哭，同一個人的行為，站在不同人的角度，本來就會有不同版本的故事線，是英雄還是梟雄，要多方觀察再下定論。

溝通方式

如果你身邊有英雄原型的人，跟他們溝通時，可以掌握以下 5 個原則。

1. 指點江山、對焦在目標

跟英雄原型的人溝通，千萬不要一直講過去的事，或是翻舊帳，講那些已經發生、不能改變的事，會把他搞得很煩躁。最好談一些未來有發展性的東西，特別是對人類有正面影響的趨勢、技術或商業模式，這些拯救世界的「願景類」話題，會讓他熱血沸騰，燃起高昂的鬥志。而且最好能具體說出未來的目標，他眼睛會像老虎看到獵物一樣，閃現犀利的光芒。

2. 出謀劃策、對焦在行動

除了談未來願景，也可以跟英雄原型的人談行動計畫。如果你了解他的目標，而你的專業或經驗剛好可以幫上忙、給點建議，你們會相談甚歡。跟英雄原型聊計畫、行動方案時，不妨用智者原型的說話方式，條理分明、邏輯清楚的分析利弊得失、說明輕重緩急，講著講著，你會突然看到英雄原型的人用欣賞、崇拜的眼神看著你，狠狠地誇你一番。

3. 直來直往、講重點

熱播劇「那年花開月正圓」裡有一場秦商賑災施粥的戲，女主角周瑩貴為吳家少奶奶，一樣捲起袖子，跟學徒房的學徒們在粥棚底下幹活。學徒小江不會起灶生火，對周瑩衝了一句：「看什麼看，還不趕緊幫忙！」一旁的王世均立馬怒斥：

「江福祺，你怎麼跟少奶奶說話的？」周瑩不但沒生氣，還說：「去！還就這樣說話自在。」這就是英雄原型，喜歡直來直往的說話方式，討厭拐彎抹角、不喜繁文縟節，講重點就對了！

　　向英雄原型描述事情的時候，不要一五一十，英雄關心的是事情現在怎麼樣了？以及下一步能怎麼做？像按影片的「快轉鍵」一樣，迅速交代關鍵點和結果就可以了。

4. 適時示弱、附和

　　保護弱者是英雄原型的天性，真不行的時候，不要硬撐，適時的示弱，向他們表達難處或需要幫忙的地方，他們通常會伸出援手。

　　另外，如果你對英雄原型的提議沒有意見，就表個態、出

別踩英雄的地雷

英雄原型不喜歡沒目標、悲觀、猶豫不決、畏縮、恃強凌弱、被輕視和被控制，這些地雷沒事不要踩。與之相處，記得積極、勇敢、樂觀、果決一點，享受他們的正能量，會得到很棒的經驗值。

個聲，附和一下，別裝死！我有一個英雄原型朋友，每次一群人為了要吃什麼而猶豫不決的時候，他就會先發難，給出一個選項。然後，他就一一詢問這個選項好不好，只要有人說：「我覺得還好」，他立馬就接著問：「還好，是好？還是不好？」是的，要或不要、好或不好，請讓他們明確知道。

5. 巧妙運用「激將法」

當英雄原型消沉的時候，循循善誘的鼓勵他們比較沒感覺，用刺激性的話語或反話，比較能挑起他們憤怒的情緒和不服輸的心態，讓他們的小宇宙再次爆發。使用激將法時，記得還是要幫人家留面子，話不要講得太難聽、太露骨，以免真的傷到他們的自尊。

「三國演義」諸葛亮為了讓周瑜一起出兵打曹操，他裝傻告訴周瑜，曹操那老不修，「願得江東二喬，置之於銅雀台，以樂晚年。」果然讓周瑜氣到爆炸，指著北方罵：「老賊欺人太甚！」答應諸葛亮一起訂下抗曹大計。

與梟雄溝通

順著毛摸、做面子

　　如果要問梟雄原型在關係裡重視什麼？答案很簡單：梟雄只重視他自己。什麼意思？就是梟雄需要你的時候，會利用你，各種利用，最常見的是把你當工具人或砲灰。在他領導的團隊裡，沒有人不能犧牲，除了他自己。

　　講一個經典案例──漢高祖劉邦。劉邦是地痞無賴出身，從沛縣起兵反秦，曾經投奔項梁、項羽。後來楚懷王把滅秦的機會給了劉邦，揭開了楚漢相爭的序幕。楚漢相爭期間，劉邦為了換取各路將領的支持，封了韓信、彭越等8位功臣為「異姓王」。劉邦愈到晚年，疑心病愈重，這8位功高震主的異姓王，便成了他的眼中釘。

　　韓信是他黑名單裡的第一名，首先以謀逆罪被殺。再來是彭越，一樣是安了個謀逆罪名，在洛陽街頭斬首示眾，屍體還被剁成了肉醬，當成伴手禮分送給其他幾位異姓王。連被拜為相國的蕭何，都差一點晚節不保。漢朝開國功臣裡，只有張良全身而退。劉邦在論功行賞時，叫張良自己選擇齊國3萬戶為食邑，張良推掉了，跑到湖北山上隱居，才逃過了劉邦、呂后的屠刀。

　　難道劉邦忘記了韓信、蕭何、彭越、張良當初是如何幫助他滅秦、敗楚、得天下的嗎？劉邦沒有忘，但在他心裡，這些汗馬功勞、革命情感，跟他們對朝廷造成的威脅比起來，真的不算什麼。為了王朝的穩固，犧牲開國功臣也是剛好而已。

　　梟雄性格的人，內心注定寂寞。會留在梟雄身邊的只有兩種人：一種是迫於權勢，不得不留下來幫他的「工具人」；一種是為了取得自己想要的資源而接近他的「投機份子」。

　　工具人用完即丟，對梟雄來說沒有威脅；投機份子就難講了，他能為了自己的利益幫這個老闆，當然能為了更大的利益去幫老闆的對手，這種人利用完畢如果不處理掉，你說，他是不是傻呀？

溝通方式

　　萬一不幸，你身邊就有梟雄原型的人，而且還是長輩或老闆，跟他們溝通時，請記好以下兩個原則。

1. 附和、按讚、好棒棒

　　不管梟雄講什麼，順著他的毛摸，附和、按讚、說他好棒棒就對了！梟雄就算是找你商量事情，也不是真心想要你的建議，他心裡早就有腹案了，你千萬不要去懷疑或否定。當然，

狗腿也要有技巧，不要梟雄一講什麼，立馬拍手叫好，梟雄不是笨蛋，連思考都沒思考就拍手叫好，他只會覺得你很敷衍，想把你拖出去斬了。

伴君如伴虎，如果你的老闆是梟雄原型，請準備好你的演技，依照以下 3 個步驟來幫他按讚。

第一步，專心聆聽。老闆滔滔不絕發表高見的時候，請把手機收起來。打開筆記本或筆電，看是要振筆疾書，還是飛快打字，都可以。總之，表現出一副興致高昂、勤奮記錄老闆金玉良言的樣子，你就得分了。

第二步，重複他的金句。老闆講到一個段落，立馬搜尋剛剛記錄的文字，選出一個最能發揮的點，重複剛剛老闆說過的

別讓梟雄有被剝奪感

要梟雄原型的人認錯，是剝奪他的自尊；能力太強、功高震主，是剝奪他的安全感；背叛，是剝奪他對這段關係的控制權。只要感覺到被剝奪，你的處境就很危險。想從梟雄身邊全身而退，要不你要比他強，讓他無法威脅你，要不就是改變自己，放棄那些梟雄覺得會被剝奪的東西，低調轉身離開。

金句，然後大表贊同。你可以說：「老闆，您的高度果然不同，就像您剛才所說的：『在互聯網時代，公司的目標是壟斷，不是競爭。』我仔細想了一下，真的是如此。」

除了重複老闆的金句，還有一招也挺好用。如果你確定自己有一個觀點，老闆會贊同、埋單，可以這樣說：「老闆，我在您剛才精采的分享裡，聽到了一個重點，就是『在互聯網時代，公司的目標是壟斷，不是競爭。』這一點，我深受啟發。」這招的重點在於，就算這個觀點是你想出來，或是你在書上看到的，還是必須不著痕跡地把光環放在老闆頭上，讓老闆覺得他自己真是太厲害。

千萬記得，以上台詞都必須用平靜、自然的語氣來講，誇張的演技太假，只能證明腦洞太大，梟雄連用都不想用你。

第三步，客製化的讚美。平常就要留點心思，觀察老闆有哪些可以讚美的優點，舉凡個人習慣、行事作風、品味巧思……，只要是他個人特有的，就可以在適當的時機，不著痕跡地表示佩服之意。

2. 留面子、搬梯子

面子，所有人都在乎，只不過，梟雄原型特別在乎。不管在人前人後，請記得不能讓梟雄沒面子。有好事發生，一定是梟雄的英明領導、洪福齊天；有不好的事發生，一定是別人的

錯。就算是梟雄的問題，也要想辦法搬個梯子，找個台階讓他下。

舉個例子，總經理巡視工廠時，菸癮犯了，在禁止吸菸的廠房裡，忘情地把香菸拿出來準備吞雲吐霧一番。廠長立馬也掏出自己香菸說：「對了，總經理，有家便利商店說想來我們廠區開個加盟店，您看要設在哪兒比較好，我們去廠區裡轉轉，我們邊走邊講。」順勢就把總經理帶出廠房，不管是不是真的有便利商店要來廠區開加盟店，等總經理抽完菸、心情好了，再到廠長辦公室關起門來解釋就好。

如果廠長不懂得給總經理搬梯子，直接糾正他：「總經理，廠房裡禁止吸菸。」現場情況可能會滿尷尬的。

與智者溝通

謙虛、提問、說實話

　　蘇東坡 45 歲那年，被貶到了黃州，因緣際會認識了佛印禪師。他和佛印相見恨晚，非常投緣，這兩位智者常常互相調侃，他們相處的一些小故事也成為佛門的千古佳話。

　　有一天，蘇東坡認為自己禪定的功夫有了不錯的進展，很得意地寫了一首頗能呈現禪定境界的詩，寫完叫書僮送到長江對岸的廬山去給佛印瞧瞧。詩是這麼寫的：「稽首天中天，毫光照大千，八風吹不動，端坐紫金蓮。」

　　佛印看到這首詩之後，應該是很想大笑，但他很有禮貌地憋住了，嚴肅地在紙上批了兩個字。書僮很快帶回了佛印批注的詩，蘇東坡興奮地打開一看，大大的「放屁」二字簡直辣眼睛。蘇東坡氣炸了，馬上備船過江，找佛印興師問罪。當蘇東坡到了佛印的金山寺門前，發現大門深鎖，門板上貼著一副對聯，上面寫著：「八風吹不動，一屁打過江。」

　　看了這兩句，彷彿聽到佛印自帶回音、大笑著說：「你蘇大學士禪定的功夫不過爾爾，嘴巴上說『八風吹不動』，我一個『屁』字就把打過江來了，哈哈哈哈！」這個可愛的故事，點出了智者原型在關係裡最重視的兩件事：一個是「平衡」，

一個是「誠實」。

平衡，就是棋逢敵手。智者原型喜歡能跟他們在知識、學問、謀略、真理等各方面互相切磋的人，有這樣的夥伴，可以激盪出許多智慧的火花，他們很享受這樣的相處方式，蘇東坡和佛印，就是一對棋逢敵手的知心朋友。如果你的伴侶是智者原型，你在各方面條件最好能跟他抗衡，像李清照跟趙明誠那樣，相處起來會有很多情趣，一個眼神、一個動作，彼此就能了然於心。

另外，智者原型也很重視誠實這個美德。他們基本上都有孫悟空的火眼金睛，犀利得很，是真是假，瞄個兩眼就心裡有數了，什麼「八風吹不動」？你就吹吧！

溝通方式

如果你身邊有智者原型的人，真的要恭喜你！把他們當老師、參謀，可以少走很多冤枉路。跟他們溝通時，以下 3 個重點請放在心上。

1. 謙虛提問、把話聽進心裡

《鬼谷子‧權篇》裡有說：「故與智者言，依於博。」面對智、慧兼具的智者，要知道他才學之深、見識之高、思維之縝

密，普通人根本看不到他們的車尾燈，上上之策，就是「閉嘴」。跟他們相處、溝通，以「聽」為主，專心聽、仔細聽，聽他們的用字遣詞，聽隱藏在字裡行間的智慧。

如果被點名，不得不說，那就「問」吧！把自己倒空，彎下腰請教他們。像一個剛學會說話的孩子那樣保持無知，像劉備三顧茅廬請教諸葛亮那樣謙虛地請教。

真心提問、帶著好奇與尊重，問智者各式各樣的問題，就是鬼谷子說的「依於博」。不要怕自己的問題沒深度，直接大白話的請教他們各種問題，一來能夠彰顯他們的水平，讓智者產生價值感，二來談話也變得豐富，能夠產生正能量，提問者通常都能獲益良多。

重點來了，聽完他們講的話，不要只是嘴巴上說好棒棒，道別之後就煙消雲散。最好能整理一下對話筆記，以便日後翻閱複習，找機會落實在生活裡，這對智者原型的人來說，才是最好的讚美。

2. 誠實以對、不要裝懂

智者原型的人熱衷追求真理、打破幻象。裝懂、裝腔作勢就是一種幻象，他們必除之而後快。所有的賣弄、做作、打腫臉充胖子，在智者原型看來只有 3 個字：「何必呢？」。上班遲到，面對智者原型主管，老實說自己睡過頭就好，不要詛咒

家人，那些爸爸車禍、媽媽跌倒、爺爺中風、奶奶過世的鬼扯藉口，智者原型都聽得出來。

對智者原型募資，不要誇大商業模式，也不要吹噓產品的市場性，聽多了，只會讓他們愈翻白眼。不如據實以告，謙虛地請教可以如何發展，被青睞的機會比較大一點。

3. 心理素質要堅強

如果說情人、照顧者原型講話是屬於「同理心」模式，那麼智者原型的人，講話就是「捅你心」模式。他們的點評通常三觀（世界觀、人生觀、價值觀）正確、犀利到位，讓人無從反駁，心裡像被刀捅了一樣，很痛。不過只要常常跟他們對話，普通玻璃心會變成強化玻璃心，強化玻璃心會演化成防彈玻璃心。

建立一輩子的好關係

跟智者原型相處，把握 3 個重點算很夠用了，只要留意不要踩到：賣弄、聒噪、沒主見、情緒化、威逼脅迫、情感綁架等地雷，關係能維持很久，有多久呢？大概是一輩子那麼久。

與丑角溝通

放鬆、接納、享樂趣

在講如何與丑角原型的人相處之前，我想先釐清一下「丑角人物」和「丑角原型」的差別。

所謂的丑角人物，是像「新三國」裡的蔣幹、電視劇「那年花開月正圓」的吳家四叔吳蔚全這類小丑。戲裡的他們，渾然不知自己是丑角，蔣幹覺得自己有把握說服周瑜、吳家四叔每天卜卦，從來沒懷疑自己是迷信，常常做錯選擇。然而，他們所說的話、表現出來的行為，就是讓人發噱。這樣的小丑人物，比較接近凡夫俗子原型，表現出了凡夫俗子還沒有演化之前的蒙昧和執著。

這裡說的丑角原型，是指那些知道自己在「扮演」丑角的人，他們很清楚自己說的話、做的事是為了取悅別人，以帶給別人快樂為使命，選擇用輕鬆、幽默、有趣的方式，讓苦難的世界、煩悶的人生變得快樂一點，所以我才說丑角原型是戴著面具的智者。他們不僅擅長在人前要寶、自嘲，私底下也懂得用創意來經營人生，是很懂得生活情趣的一類人。

丑角原型的人，在關係裡重視輕鬆、趣味和創意，只要關係裡出現「控制」，就會想辦法溜走，他們不會極力反抗或跟

人對槓，就只是狡猾地拐個彎兒，讓控制慾強的人奈何不了。他們對不好玩的事沒興趣，問他們哪兒有好玩、好吃的，他們資料庫之龐大，簡直讓人嘆為觀止。

　　一個社群要活絡、要長壽，絕對不能缺少丑角原型的人，他們有著「見到他會喜歡他，不見他會想念他」的魅力，有丑角原型在的地方，空間裡漂浮的不是粉紅泡泡，而是繽紛的彩色氣球。

溝通方式

　　一想到我丑角原型的朋友們，我的嘴角就會忍不住上揚，人生旅程上有他們相伴，真的輕鬆、愉快許多。如果你身邊也有丑角原型的人，跟他們溝通時，請注意以下原則。

1. 全然接納、別做價值判斷

　　猜猜看，丑角原型的人最討厭聽到哪兩個字？答案是：應該。人與人相處，充滿了「應該」，滿坑滿谷的「應該」，讓人際關係窒息。

　　「為了健康，你『應該』早睡早起！」、「睡覺『應該』穿睡衣、刷牙『應該』從右邊開始刷！」、「求婚之前，你『應該』要準備好鑽戒！」、「嫁人之後，就『應該』要待在

家裡好好相夫教子！」我的老天！哪來這麼多應該呢？全世界
70 幾億人都這樣活的話，地球該多無聊？

　　丑角原型的人一聽到「應該」，就想閃人。因為這些應該
就是「價值判斷」。

　　這些應該的背後，是控制、缺乏創意、無趣；這些應該的
背後，是不肯接納人會失誤、會任性、人有個別需求；這些應
該的背後，充滿了別人的期待、刻板的制約，讓人無法依著自
己的獨特來過生活。

　　我有一個男性朋友，他是廣告公司老闆，很愛講笑話，我
沒看過他穿正裝，他習慣穿一身黑，下身多半是穿男版褲裙。
平常就像個中年頑童一樣，騎個單輪平衡車穿梭在大街小巷。
如果跟他說：「你好歹也是個老闆，『應該』要重視自己的形
象，多穿正裝！」我可以想像他白眼翻到後腦勺的樣子。

　　丑角原型的人，擅長接納不同東西，消化之後，長出一種
屬於他自己的圓融智慧，他們不會用「應該」去限制別人。所
以，跟丑角原型的人相處，不妨也用「接納」來回敬，他愛幹
嘛就幹嘛吧！全然接納就是了，只要不造成太大的困擾，或傷
害到別人就好。

　　放鬆一點，學會欣賞他們的創意，反而能享受他們帶來的
快樂，透過他們的創意之眼，打開另一個看世界的視窗，對人
生會有另一番境界的體悟。

2. 放下包裝、真實表現自己

高層次的丑角原型，必定是個謙虛的人，不但能夠面對自己的醜陋、軟弱，也能面對世界的虛假和殘酷。表面上搞笑，實際上卻是冷眼洞悉眼前的一切，所以，跟丑角原型的人溝通，不需要繞圈子，也不必費心包裝話術，他比任何人都懂得解讀華麗外表下的本質。

是不是真的「高大上」，高層次的丑角原型在談笑之間就能看得出來，在丑角原型面前吹牛，反而會引起他們的同情，配合著演一下，他們選擇不剝開對方的層層包裝和矯飾，是因為深深了解「矮窮矬」的悲哀。

比起舞台上的光鮮亮麗，丑角原型更了解後台的辛酸、下戲之後的落寞；打腫臉充胖子，丑角原型看的不是胖子有多威，而是為了討好別人把自己臉給打腫的辛酸，跟丑角原型相處，打腫臉這個套路完全不必使。

跟丑角原型相處，快樂，當下的快樂最重要！嘻嘻哈哈、插科打諢，都是生活裡的樂趣，不要拘泥形式，順著他們的「流」走吧！笑到岔氣之餘，別忘了送上熱烈的掌聲就是了。

與情人溝通

暖心、在乎、常表白

　　在談如何與情人原型相處之前，我要先說明一件事。這個單元談的是如何與「性格裡情人原型特質比較多、比較突出的人」相處，而不是如何與「你的情人」相處。

　　當然，這些原則也適合用在熱戀期，因為熱戀期的雙方，性格裡的情人原型會像打了激素一樣迅速膨脹。所謂的「熱戀期」，就是在某一段期間裡，和某人談戀愛，成為生活中最重要的事情，其他事情如工作、朋友圈、學習、探望父母……，相對起來就沒有談戀愛那麼上心。等到熱戀期過了，生活中各項事情的重要性才會重新排序，戀愛從激情轉向平淡，回歸到柴米油鹽醬醋茶的生活磨合，人呢，會像退燒一樣，回到本來的主要原型性格，所以戀愛專家們才會說熱戀期過了之後，才是對感情考驗的開始。

　　談到情人原型，電視劇「那年花開月正圓」裡何潤東飾演的吳聘哥哥，就是典型的情人原型，雖然他在第 15 集就下線了，但好老公的形象卻深植人心。

　　首先，他對人總是尊重有禮、說話總是溫文爾雅，不只對周瑩一人，而是對所有人都如此。其次，他包容周瑩從小在江

湖闊蕩的不拘小節，用各種體貼來影響周瑩，成功將吳家的經商心法「誠信」，植入了周瑩的價值觀。婚後，他天天去買周瑩最愛吃的甑糕寵愛老婆，還冒險爬樹，只為親自摘酸棗給害喜的周瑩吃。

雖說另一位男主角沈星移也喜歡周瑩，但當時的沈星移是「天真者＋英雄」原型，他的情人原型還沒有開始發展，不懂得尊重周瑩的心意，處心積慮只想把周瑩搶回身邊，反而讓周瑩更討厭他。

說穿了，年輕的沈星移在乎的是「自己的在乎」，而不是「周瑩的在乎」；而吳聘在乎的，是周瑩的在乎。周瑩想到學徒房學做生意，吳聘就幫她創造機會，周瑩想離開吳家東院，吳聘心裡捨不得，卻沒有強行阻攔，而是為她準備了做生意的本金，也讓丫鬟把她喜歡的物件都收拾好，好讓她帶著。

曾經滄海難為水，也難怪周瑩在吳聘死後，對著吳聘的牌位說：「自從你走了之後，所有的快樂，都是轉瞬即逝的，而所有的不快樂，都是那麼的長久。」

溝通方式

如果你身邊有「性格裡情人原型特質比較多的人」，請記得一定要好好地對待他們。如何好好對待呢？以下 3 個原則不

妳多琢磨琢磨。

1. 用行動表達在乎之意

性格裡情人原型特質多的人，通常脾氣都很好，對人很溫柔。千萬不要因為他們脾氣好，就忽略、怠慢他們，還是必須透過行動來表達對他們的在乎。我常常在商場或餐廳看到一個景象，就是服務人員把心力花在那些會抱怨、會投訴的顧客身上，把那些真正有忠誠度的顧客晾在一邊，反正他們不吵不鬧，還很體諒服務人員的辛苦。

你有沒有覺得哪裡怪怪的？愈能體諒我們的朋友，我們應該愈在乎才是，怎麼反而怠慢了人家呢？

在乎，是把一個人放在心上。對於情人原型的朋友，有活動、有聚會，要記得約人家，如果他不喜歡人多的聚會，就單獨約他出來喝咖啡；出國旅遊，記得挑一個人家喜歡的小禮物回國送他；人家過生日，來不及快遞生日禮物，至少也要親自打電話說聲「生日快樂」。情人原型在乎的，不是禮物貴不貴重，而是能不能感受到你對他的在乎。

2. 別具巧思的連結

情人原型特質多的人，有強烈與人連結的需求。他們需要的連結，不是表面上吃喝玩樂的這種連結，而是心理層面的深

度連結。

徐志摩寫給恩師梁啟超的信中說：「我將在茫茫人海中尋訪我唯一之靈魂伴侶。得之，我幸；不得，我命。」情人原型的人，嚮往的就是這種能交心的「靈魂伴侶」，不僅是在愛情上如此，在親情、友情上也是如此。

因此，對待情人原型特質多的人，要懂得創造「特別的連結」。比方：對方喜歡買書、看書，可以刻一枚別致的藏書章送他；小資女一個人在大城市奮鬥，工作壓力大，給她寄一些枸杞、紅棗，熬夜工作時，一杯熱騰騰的枸杞紅棗茶，就能讓她連結遠方的你。

在與情人原型進行連結的時候，意圖很重要。這些連結的行為背後不能有控制（你只能聽我的）或交換（我對你好，你也要對我好）的意圖，否則對方會感到壓力很大，會想要逃離

無形的心意勝於有形價值

千萬不要因為情人原型的人脾氣好，就怠慢他們，必須透過行動表達對他們的在乎。對於情人原型的朋友，有活動要記得約人家，送禮時，情人原型在乎的不是禮物貴重，而是心意。

這段關係。

3. 真誠暖心、表白心意

這裡說的「表白」，不是向心儀的對象表達愛意，而是單純的指：向關係裡的另一方，坦誠表達自己的感覺或心意。表白，是情人原型的天賦，他們也期待你能誠實、自在地對他們說出心裡感受。

別以為表白很簡單，除了情人和天真者原型之外，面對面的表白，對其他 7 種原型來說，是有難度的。

有些人覺得說出來很矯情，有些人則是習慣透過行動來表達心意，但是對於情人原型的人，心意從嘴巴裡說出來，他們接收起來最有感覺，哪怕只是一句「我喜歡你的溫暖」、「孩子的媽，感謝妳為這個家的付出」、「我想跟你一起散散步」，都是很棒的表白。

與照顧者溝通
肯定、回饋、劃界線

　　照顧別人，原是人性中最光輝閃耀的行為，可惜的是，照顧者原型是 9 大原型中，最容易變質、黑化的原型。照顧者原型一旦變質，所帶來的傷害不亞於梟雄原型，往往會讓被照顧者進退兩難，不知如何是好。

　　根據《武漢晚報》報導，一名住在上海的新手媽媽，近來發現 2 歲大的兒子晚上睡覺時經常盜汗、睡不好，隔天起床枕頭上都是頭髮，她原本以為兒子是缺鈣，沒想到補充鈣片後情況不但沒有改善，日前她帶兒子回武漢娘家探親，兒子的頭髮居然開始整撮、整撮地脫落，嚇得她一下火車直奔醫院求診。

　　皮膚科醫師經診斷後確定，這名 2 歲男童罹患的是斑禿，也就是一般民間所稱的「鬼剃頭」，據統計，多數病人發病前均有精神創傷的跡象，如長期焦急、憂慮、精神緊張、情緒不安等，一個 2 歲男童能有多大的壓力？醫師怎麼想也想不通。

　　後來在醫生逼問下，媽媽才承認自今年夏天起，兒子就在補習班惡補英文、鋼琴、畫畫、數學、主持人共 5 種才藝，一切都是為了明年考上上海的菁英幼稚園做準備，偏偏 2 歲的小孩身心狀態還沒辦法在課堂上久坐，經常坐不住，讓媽媽很生

氣，她會不斷重複洗腦兒子「你一定會考上」、「你一定會考上」，或許是自己太兇、逼得太緊，才會讓兒子出現抗拒的生理反應。

這就是照顧者原型變質後經常出現的現象：控制狂。照顧者自以為隱藏得很好的控制行為，基本出於兩套劇本，一套叫「我是為你好，你應該要聽話照做」，另一套叫「我為了你犧牲，你應該要回報」。

這位上海媽媽演的是第一套劇本，她以照顧者的權威，打著「我這是愛你、為你好」的名號，對被照顧者進行具毀滅性的控制，只要被照顧者有一點失控狀況出現，照顧者就會暴怒，進行高壓逼迫，而通常被照顧者都還沒有能力脫離照顧者獨立，只能乖乖就範，小時候被照顧者體罰過的朋友，對這樣的控制應該不陌生。

照顧者原型變質後，還有另一種控制手段，叫做「情感綁架」或「情感勒索」。他們會以「受苦的犧牲者」自居，把過去照顧過程中的付出、犧牲，當成一種恩惠、一種籌碼，利用被照顧者的義務感或罪惡感，向被照顧者勒索感情、金錢等，讓被照顧者永無寧日。他們會說：「我這麼辛苦照顧你，你應該按照我期待的方式生活才對。」

我太太有個朋友，她的公公晚年有嚴重的糖尿病，由妯娌二人輪流照顧，這位朋友的大嫂每天嚴格控管老人家的飲食，

按表執行、毫不鬆懈。而她總是找機會問她公公想吃什麼，偷偷摸摸帶公公去吃點美食，讓老人家吃得心滿意足，享受難得的小確幸。

她公公過世之後，律師告知她是唯一的財產繼承人，她嚇壞了！所幸她很有智慧地處理分產的事，才沒讓大嫂誤會她。大嫂其實也沒錯，只是她照顧了公公的身體，卻忘了照顧公公的心理，忽略了公公也是一個獨立的生命個體，也有口腹之慾，這些都需要被尊重，而不是被嚴格控管。

老人家年紀那麼大了，若是連一點好吃的都不能吃，活著又有什麼快樂可言呢？

 溝 通 方 式

照顧者原型的人大多很好相處，唯一要注意的，就是觀察照顧者原型有沒有變質。不論如何，把握以下 3 個原則，可以把關係經營得更健康。

1. 適當的求助

被人需要、被人信任、被人依賴，是照顧者原型存在的價值。如果你太獨立，沒有任何事需要麻煩照顧者，那麼，你們的關係會變得很淡。適當的求助，偶爾派個工，讓照顧者有機

會為你服務，是維繫關係的小祕訣。

別怕麻煩他們，他們正需要透過為你服務，確定自己還被人需要、還有存在價值。

2. 及時的回饋

受人照顧，理當回饋，不過這個回饋不能拖太久。不是等到賺大錢了才能孝順父母，也不是要等功成名就才能回母校謝謝恩師。只要想到人家曾經的付出，哪怕是一通電話、發個LINE 或微信、快遞一個小禮物表達謝意，都是一種及時的回饋。如果能面對面坐下來對話，那就更好了！誰都不知道無常什麼時候會降臨，愈能及時表達感謝，遺憾就愈少。這一點，我自己正在努力落實。

3. 為關係劃界線

為了避免照顧者原型變質而對你進行控制，或成為破壞關係的元凶，為關係劃界線，是很重要的智慧。可以透過一些簡單的表達技巧，來表示自己的有限，同時也讓對方知道你願意互動的界線，拿捏好分寸。

要如何透過語言來劃定界線呢？人與人之間有三大界線，分別為：時間、空間、金錢。

以時間為例，當長輩要你每週都去探望他，而你實在抽不

出時間，可以告訴他：「我很樂意來看你，不過我實在沒辦法每個星期都來，不過我答應你，至少每個月都會撥出時間跟你聚一次，好嗎？」如果沒有一開始就畫線，讓對方對你有不切實際的期待，不只要付出更多，甚至可能會招來對方說你忘恩負義、沒良心，然後你就被綁架了。

在關係裡不要選擇忍耐，忍到爆發了才說出自己的界線，反而容易讓對方不諒解，但如果醜話說在前頭，常常就不是醜話了。

與王者溝通

忠誠、合作、多請教

王者原型是 9 大原型裡修練、發展得最成熟的一個原型。對人敏感度高、依賴度低，在人際關係裡重視平衡、和諧、秩序。這樣講太抽象了，我還是用電視劇「那年花開月正圓」的人物來舉例，在這齣劇裡面，吳家東院的吳老爺子 ── 吳蔚文，正是王者原型。

吳家祖輩曾在陝西涇陽做官，吳老爺子憑藉著祖輩的資源，以及自己的努力奮鬥，建立了一個屬於吳家的商業王國。商業王國要運轉，中心精神、組織團隊、典章制度是必須的，在這裡生存的所有人，都得遵守吳氏企業的品牌精神 ── 誠信，大家各司其職、照章行事，吳家東院的家風、商譽也因此馳名。

吳老爺子藉由妥善安排各項資源，營運起一個穩定的商業系統，照顧吳家所有人，他是這個體系裡的權威，也負起這份權威該負的責任，讓大家安居樂業，日子過得幸福美滿。可偏偏，吳家捲入了政爭，在這個「無常」背後的災難即將降臨之前，周瑩陰錯陽差先一步成了吳家長媳，先一步以她的狂放不羈，破壞了吳家穩定的系統，不守規矩就算了，周瑩還提議在

產品裡摻假藥，不服訓話立馬拍桌子嗆回去，把吳老爺子氣個半死。

你想想，要管理這麼大一票人，多來幾個像周瑩這樣的下屬或晚輩，動不動就來添亂，吳老爺子再怎麼慈悲、再怎麼有修養，也很難不中風吧？

關係裡的平衡、和諧、秩序，對王者原型的人來說，太重要了！

王者原型的人永遠都在努力平衡自己與他人之間的利益、平衡他所管理的體系底下，所有人之間的利益，大家能和諧相處，這個體系才能有秩序地運轉，否則光是處理內部糾紛就夠忙的了，哪裡還能專心處理外部的挑戰？

當吳老爺子預感到抄家滅門的暴風雨已來到面前，他也貫徹了王者原型「當責」的精神，用王者原型的高度來安排他的家業，把傷害、損失減到最低，他藉口趕走了有孕在身的周瑩，故意和三位兄弟斷絕關係，選擇以他一個人的認罪犧牲，保全吳家，除了周瑩和王世均，吳家有幾個人能懂這位王者所承受的呢？

用凡夫俗子的角度來看王者，其實不容易了解王者。就像家裡的孩子，永遠抬頭仰望、伸手要錢，不會知道父母養家活口的辛苦；一般同仁也不能體會老闆為了讓公司生存下去所承受的壓力。

溝通方式

王者原型的人不多，有幸遇到，是很大的福報，以下 2 個相處原則提供給你參考。

1. 忠誠合作、學會被領導

領導別人之前，要先學會「被領導」。被領導，不是只有服從、不是只有聽話照做，而是學會管理自己與王者之間的合作關係。這裡說的王者，可能是父母、家族長輩、老師、上級長官、單位領導、老闆，要跟他們把關係搞好，「忠誠」是第一個條件。

辦公室裡最常見的畫面之一，就是幾個同事躲在角落發牢騷、罵老闆。我遇過一個智者原型的同事，十分看不慣這種現象，他的名言我到現在還牢牢記得，他說：「拿人家薪水還講人家壞話，只能說明自己沒品。」

想想也有道理。如果嫌這個老闆不好，換個老闆不就好了？何必委屈自己呢？如果換不了更好的工作或更好的老闆，說明自己的能力、專業價值還不夠，更應該把專注力放回自己身上，好好學習、好好累積實力才是，把時間和精神花在說老闆壞話，老闆也不會因此而改變，真的挺浪費生命，更何況現在的薪水是人家發的！

身在哪個系統，要先遵守那個系統的遊戲規則、尊重系統的領導人，好好合作，扮演好系統裡的螺絲釘。王者原型站在系統的最高處，手上握有最多關於這個系統的資訊、資源，他知道怎麼調遣、怎麼安排對整個系統最好，如果底下的人不聽命令、擅作主張，打壞了布局，影響的可不是只有王者一人，而是整個系統裡的每個人。

有本事管理好自己與領導人之間合作關係的人，一定是個人才，有朝一日必然也能成為優秀的領導人。

2. 多多請教、學習成功之道

我 30 歲之前創立過一家廣告公司，是跟人家合夥。這位股東家裡也是做生意的，我特別喜歡跟他聊天。倒不是他有多麼慈眉善目，而是出身小康家庭的我，對做生意並不熟悉，跟

和王者借智慧

成功沒有捷徑，聰明的人懂得向高人借智慧，有機會和王者原型的人互動時，請不要害羞，把心裡的疑惑問出來吧！或許他的一句話，就讓你醍醐灌頂、茅塞頓開，強過自己摸索好幾年。

他聊天可以知道很多訣竅和門道。遇到不明白的，我都請教他，創業之路雖然有些跌跌撞撞，可也沒出過什麼大紕漏。

結婚之後，我選擇把重心放在家庭，跟股東商量把股份買回來，讓公司轉型，專心做教育訓練。這一路也遇到好多貴人，特別是那些把事業經營得有聲有色的老闆朋友們，只要有機會坐下來聊兩句，他們分享、提點的話，常常能幫助我做對選擇。

所謂的「換位思考」，並不是指換了位置之後才開始改變思維模式，而是在還沒升級、還沒換位置之前，就先向那些已經在上位的人學習，用自己的觀察力、提問力，模擬自己在那個位置，該如何思考事情、如何做選擇，這也是提升自己格局很好的方法。

3 分鐘重點學習

9 大原型就是 9 種常見的人性，理解 9 大原型的人在關係裡重視什麼，就能選擇聰明的方式跟他們溝通。

- **與天真者溝通**：在關係裡重視單純、安全、和諧和支持，以帶著尊重的關愛、正向引導的方式相處溝通，較容易讓天真者採納建議。

- **與凡夫俗子溝通**：一生都在追求存在感、意義感、價值感。表達關心，放大他的存在；正向鼓勵，提升他的價值等，是重要相處方式。

- **與英雄溝通**：在關係裡重視目標、正能量、征服、熱血、勇氣、自律這 6 件事；溝通時別翻舊帳、直接講重點，適時示弱還能得到幫助。

- **與梟雄溝通**：梟雄只重視自己，在領導的團隊裡，沒有人不能犧牲。溝通時，有技巧地附和、按讚；在尷尬的場合，得替梟雄留面子、搬梯子。

- **與智者溝通**：把智者當老師、參謀，可以少走很多冤枉路。謙虛提問、把智者的話聽進心裡，誠實以對、不懂別裝懂，是很好的溝通方式。

- **與丑角溝通**：學會欣賞他們的創意，對人生會有另一番境界的體悟；不必費心包裝話術，華麗外表下的本質會輕易被看透。

- **與情人溝通**：能體諒我們的朋友，應該被重視。與情人原型互動時，要用親身行動表達對他的在乎，誠實、自在地說出心裡感受。

- **與照顧者溝通**：當關愛過頭，把情感當成勒索時，會讓被照顧者進退兩難。適當求助、及時回饋，並為關係劃界線，能把關係經營得更健康。

- **與王者溝通**：對人敏感度高、依賴度低，在人際關係裡重視平衡、和諧、秩序。相處時，可以向王者多多請教，學習成功之道。

修練更好的自己

把 9 大原型看作內心 9 個面向，
各有不同功能，
提升人格中原型性格的正能量，
謙虛地學習其他原型的能力，
可以自在應對生命中不同情境。

聲音9大原型，表象談的是聲音，骨子裡講的是個性。俗話說：「江山易改，本性難移」，要讓一個人改變本性，難度確實太高，方向也不對。本性是中立的，但環境和價值觀會影響本性的發展，本性要往正面發展，還是往負面發展，是個人可以覺察和選擇的。因此，這裡談的修練，不是要改變人的本性，我談的修練包括以下3件事：

（1）提升。找出本性中，也就是你主要原型的正面特質，有意識的自我提升這些正面特質的層次。

（2）轉化：認出主要原型中的負面特質，有意識的轉化這些負面特質。注意，我用「轉化」，而不是「逃避」或「壓抑」。一個人的主要原型，可能因為某些不好的經驗或心理創傷，以負面方向作用，練習認出這些部分，學習把性格中的陰暗面帶到光明面來，為人生創造更多建設性的能量。

（3）整合：我們可以把9大原型看作內心的9個面向，各有不同功能，每一種原型都一樣重要，可以幫助我們應對生命中不同情境。

缺乏某個原型的能力，會在問題發生時，產生沒有辦法面對與處理的情況。謙虛地學習其他原型的能力，整合到自己的主要原型裡面，就像一部下載了許多好用APP的手機，讓自己變得更有彈性，活得更自在，人會因此變得成熟，能夠「從心所欲而不逾矩」，為這個世界帶來更美好的影響。

天真者修練之路

從好傻、好天真到返璞歸真

在我青少年時代，有句廣告詞非常火紅，叫做「幻滅，是成長的開始」。我當時對這句話還沒什麼感覺，直到我開始找工作之後，才慢慢體會了這句話的意思。

我原生家庭對於工作的價值觀是「穩定」。在「工作只要穩定就好」的最高指導原則下，我父親給我找了大學畢業後的第一份工作，是一家廚具公司的公關專員。不到 2 年，公司發生了一些問題，它變成了一份不穩定的工作。

於是，透過同學介紹，我換到了第二份工作。這次是在一個公營的廣播電台當播報員，這份工作跟聲音高度相關，薪水又穩定，簡直太幸福了。誰知道，才到職幾個月，電台要民營化，我們部門負責製作數位內容，網絡泡沫化的衝擊排山倒海，我面臨到被減薪的情況。我的工作，再次掉到了「不穩定」的坑裡。

經歷 2 次幻滅之後，「工作只要穩定就好」這個價值觀被現實徹底打破，我雖然覺得失落，卻不至於對未來失去信心。我心想：「既然這世上沒有穩定的工作，不如我自己創造一個吧！」於是走上了創業的旅程。果然，這往後的 20 年，我一

年比一年更好,也更相信穩定的工作還是自己創造比較踏實。

　　天真者一生都在經歷幻滅與成長,直到變得成熟、睿智。天真者原型的 3 個層次,第一個層次,也是最低層次,是活在粉紅泡泡裡的公主或王子,被他的父皇、母后無條件接納,相信世界上所有的事情都會照著他們的想法發生。

　　第二個層次,是粉紅泡泡破掉了,天真者開始經歷失望、幻滅,發現原來世界上的事,不會照他們所想的那樣發生。不過,天真的特質仍然存在,即使發生不幸,也不至於喪失對自己、對別人、對人生的信心。

　　第三個層次,也是天真者的最高層次,這個層次的天真者已經從不幸和失落中走出來,再度回到樂觀的態度,不會因為害怕再度遭遇不幸或經歷失望,而否定或拒絕幸福。他接受挫折、接受幻滅,也接受成長需要付出代價,仍然願意用純淨的心,以及學到的智慧去選擇、去行動。

性格負能量

　　許多成人的「內在孩童」並沒有隨著生理年齡長大,體內天真者原型的陰暗面一直在作祟,干擾著他們的人際關係。天真者原型的陰暗面,主要表現在兩種行為:一種是任性、耍賴、為所欲為;另一種是壓抑、裝作不幸沒有發生,或假裝自

己沒事,粉飾太平。

帶小孩去賣場,小孩看到玩具想買,父母不答應,他就裝可憐坐在地上哭,是常見的任性;明明知道愛慕的人不愛自己,卻利用自己的天真可愛操縱對方,迫使對方與自己在一起,也是任性。把錯誤都推到別人身上,更是一種任性。

那壓抑又是怎麼一回事呢?天真者拒絕相信父母、師長或愛人會背叛他。一個被父母虐待的孩子,寧願相信是自己笨、自己壞,也不願相信自己的父母心理有病、父母其實沒那麼愛他;一個被家暴的天真者原型妻子,很容易相信被丈夫暴打一定是因為自己有錯,活該被打。因為,相信自己有錯,比相信丈夫不愛她要來得容易,這就是壓抑。

 修練指南

天真者原型看似很容易受傷,卻也是 9 大原型裡最通透、最容易開悟的一種原型。天真者原型如何能從「好傻、好天真」修練到「返璞歸真」的境界呢?我提供 3 個方向。

1. 提升的修練:勇敢冒險

蔡康永說:「我不認為,有任何一種生活,是沒有暴擊的。沒有暴擊,就不是生活。」生活裡的暴擊,就是無常。沒

有任何一個人能永遠活在粉紅泡泡裡，包括天真者。

與其害怕無常來撞破粉紅泡泡，不如自己走出粉紅泡泡。具體怎麼做呢？開始在生活裡冒險。單獨去旅行、嘗試一份有挑戰性的工作、就算有失戀的風險也要勇敢去愛、報名進修課程去認識各行各業的人……，藉由在生活裡的各種冒險，培養獨立的能力、一吋一吋擴大安全感的範圍，更重要的是，在冒險過後，看到自己的能耐，去理解「唯一值得恐懼的，是恐懼本身。」

2. 轉化的修練：打破「非黑即白」幻象

在天真者的世界裡，人，只有好人和壞人兩種，而且好人不會做壞事，壞人不會做好事。環境，只有安全和危險兩種，而且安全的環境不會暗藏危機，危險的環境不會有逃生出口。

這樣的完美主義思想，便是天真者原型容易被陰暗面控制的主因。想要脫離任性和壓抑，天真者要練習的功課，就是打破凡事「非黑即白」這個幻象，睜開眼睛去看看，好人也會做壞事，壞人也會做好事。所有人事物都有正反兩面，有優點就一定有缺點，要練習兩面都去看到、都去理解、都願意心平氣和地接受。

當你知道父母會因為愛你而控制你時，你要能覺察，理解他們愛你，卻不知道如何愛你。重新學習與這樣的父母相處，

學習劃界線、學習保護自己。

3. 整合的修練：向凡夫俗子、英雄學習

　　天真者原型如果要外掛其他原型的能力，我建議先從凡夫俗子和英雄開始學習。

　　首先，向凡夫俗子原型學習獨立以及社會化。獨立，就是練習靠自己解決問題，而不是把責任往別人身上推，或者利用自己的天真可愛耍賴，要別人出面處理，自己卻躲起來。能獨立之後，才是向英雄原型學習，學習找到一個值得努力的目標，並且願意為這個目標全力以赴。

　　不管一個人在成年期進化到哪個原型，都可以選擇再度回到天真者原型，重新去看這個世界。所謂的返璞歸真，是在經歷許多無常之後，仍然願意以天真的態度生活、對待身邊的人，重新拾回對世界的好奇心、對世界的驚喜感，無貪無我，無滯無礙，不再有狹窄的政治、宗教、階級意識。而這樣的天真，已經跟當初的「幼稚」不一樣了。

　　這是一種美好的蛻變，既不任性，也不壓抑，同時看到正反兩面，卻仍然樂觀地相信未來的生活會比現在更好，活得更有智慧、豐盛、自在，恰如青原惟信禪師所言：「而今得個休歇處，見山依然是山，見水依然是水。」

凡夫俗子修練之路

從知足常樂到願意改變

「知足常樂」這四個字很微妙，如果一位億萬富翁說他知足常樂，人們心裡會想：你這麼有錢，要什麼有什麼，當然滿足，肯定快樂！如果是一位三餐不繼的窮人說他知足常樂，人們會想他是不是傻子？都不知道下一餐在哪，真能快樂嗎？

好吧，不要舉那麼極端的例子，我接觸過一些凡夫俗子原型的朋友，不管學歷多高，人生首要任務，就是畢業後找一份穩定的工作、年紀到了就結婚、生兩個孩子，然後，等退休。不求榮華富貴，只要平安、穩定地度過每一天，就滿足了。

人生在世，活著，真有這麼簡單嗎？失業、生病、離婚、走得太早（家人失去依靠）、活得太老（退休金不夠用）、想走卻走不掉……，這些都不是詛咒，而是每個人都可能會遇到的無常。誰也沒法預測明天和意外，哪個會先來。凡夫俗子原型的知足常樂，往往忽略了「無常」的殺傷力。

什麼是無常？無常就是你不想發生的事，偏偏發生了。在還沒有為人生風險做好基本準備之前，知足常樂這個觀念其實是個陷阱，讓人輕忽了：人生必須要非常努力，才能看起來毫不費力。在談凡夫俗子原型如何向上提升之前，照例先來剖析

一下它的 3 個層次。

　　第一個層次，是「能養活自己而且容易滿足的人」。能吃、能睡、能上班，能養活自己不造成家裡負擔，就算功德圓滿。談夢想太遙遠，沒有企圖心，對於高端、大器、上檔次的生活型態無感，平凡的日子裡有些小確幸也就夠了，走一步算一步，任何無常來臨，都會造成巨大衝擊。

　　第二個層次，是「想要過更好的生活，但是沒有目標、沒有策略、沒有計畫、沒有行動的人」。知道有更好的生活值得追求，可惜知道做不到，還是得不到。

　　第三個層次，也是凡夫俗子原型的最高層次，我稱之為「有本事在瞬息萬變的世界裡，過上安穩生活的人」。在這年頭，要靠自己的能耐過安穩生活，只有一條路：排除萬難，通過高普考，成為捧著鐵飯碗的公務員。

性格負能量

　　凡夫俗子原型的陰暗面主要有 3 個，第一個是「蒙」，蒙是昏昧無知的意思，對人生小事斤斤計較，對人生大事卻迷迷糊糊、蒙頭轉向，不知道該如何選擇。第二個是「執」，執著的執，很容易被限制性思考綑綁起來，不知變通、不肯改變。

　　第三個是「懶」，把安逸當成生活目標，在年輕該奮鬥的

時候選擇了安逸，在晚年該安逸的時候，卻因為沒體力又沒存款，失去了安逸的條件，失去了一個人最起碼該有的尊嚴。

修練指南

在聲音9大原型裡，凡夫俗子原型是最沒有包袱的一種。我的意思是，凡夫俗子的性格裡沒有明顯的特質，只要願意在英雄、梟雄、智者、丑角、情人、照顧者這6種社會中堅份子的原型裡，選出1～2種原型，有意識的學習、培養他們的正向特質，就有機會蛻變、晉級。

如果要特別推薦一種原型作為學習對象的話，我會推薦英雄原型。為什麼呢？因為古今中外，被傳誦最多的故事，都是英雄原型的故事：「屠龍英雄克服萬難、拯救公主、帶回寶藏。旅途終了『英雄抱得美人歸』的快樂結局，也反映出真實生活中，他們不但自己有所獲，進而更影響了周遭的人。」

向英雄原型學習設立目標、列出計畫、尋找資源，逼自己排除萬難達成，走一段屬於自己的英雄旅程。

創新工場董事長李開復說：「在人工智慧和機器人時代，『追求安穩』反而是最危險的作法，因為很多安穩的工作都是重複性大的，也最容易被機器取代。在這個時代，孩子最需要的是強大的學習能力和適應能力。」

　　不只孩子需要強大的學習能力和適應能力，每一個在職場上奮鬥的人都需要。曾獲評選為第一名外資分析師、現為異康集團暨青興資本首席資深顧問楊應超，有一個很棒的概念叫「職場工具箱」。他勉勵職場工作者要「隨時為下一個工作做準備！你要有一個什麼都有的『職場工具箱』，在其中放進各種武器，才可以應付職場各種挑戰。」

　　他說的武器，就是工作職能。外語、業務銷售、客戶服務、企劃、行銷、經營管理、研發、財務管理、投資管理……，都是企業需要的職能，會的職能愈多、愈專業，在就業市場的價值愈高，真正穩定的不是工作，而是你的能力。

　　一隻站在樹上的鳥兒，不怕樹枝斷裂，牠相信的不是樹枝，而是自己的翅膀。鍛鍊自己的翅膀，祝福你飛得更高，在獲取理想生活後，安心、篤定地對自己說一句：「知足常樂」。

趁年輕多打怪、撿裝備、拚升級

「知足常樂」對凡夫俗子來說很容易是個陷阱，讓人輕忽了：人生必須非常努力，才能看起來毫不費力。趁年輕時培養其他原型的正向特質，蛻變成功後，才能真正安心享受知足常樂！

英雄修練之路

從意氣用事到有勇有謀

《辭海》對「英雄主義」的解釋是：「主動為完成具有重大意義的任務，而表現出來的英勇、頑強以及自我犧牲的氣概和行為。」這是英雄原型在行為面的正向展現；然而，英雄主義也很容易變質成為「過分自信，輕視群眾，喜歡表現自己」，讓人反感。

英雄原型的人往往具有很強的人格魅力，我發現描述牡羊座的大部分形容詞，像是熱情、衝動、樂觀、獨立、大膽、率真、有擔當、有創意……，套在英雄原型都不違和。其中，「衝動」二字值得仔細琢磨。動能，對所有生命來說，絕對是非常重要的能量，但是這個「動」，最好是順時而動、伺機而動、謀定後動，而不是衝動、亂動、輕舉妄動。

對英雄原型來說，動不是問題，「怎麼動」才是功課，我把這個功課濃縮為兩句話：「發自己的光就好，不要吹滅別人的燈。」這兩句話包含了兩層意義：

（1）發自己的光，一個人只要找到值得奮鬥的目標，全心全力投入，就會開始發光。成為自己人生中的英雄，是自己的責任，也是力量所在。

（2）不要吹滅別人的燈，學會理性運用自己的力量，不被情緒綁架（不管是被自己的情緒綁架，還是被別人的情緒綁架）。真正優秀的人，不需要透過貶低別人來展現自己的優秀。

當一個人能夠朝著有價值的目標謀定而後動，又不會唯我獨尊的踩著別人強出頭，便有機會組成英雄聯盟，集結更多力量、完成更大的目標。

再來談談英雄的 3 個層次，根據美國心理學專家卡蘿‧皮爾森（Carol S. Pearson）的研究，英雄原型有以下 3 個層次。

第一個層次，只為了勝利而戰，會為了勝利失去原則、忘記初衷。這個層次接近梟雄原型。

第二個層次，為了理想而戰，願意遵守規則公平競爭，目的只是要打敗對方，而不是要殲滅對方。

第三個比較高的層次，為真正重要的事而戰，以「整體利益」而不以「你死我活」來思考戰略，盡量避免使用暴力來處理衝突。這個層次，已經接近王者原型了。

性格負能量

每一種原型都有陰暗面，也就是負能量的那一面，這是修練的過程中，自己必須特別警醒、注意的。只要原型的陰暗面

開始作祟，人的行為就會產生偏差，如果沒有及時發現、剎車，往往會像滾雪球一樣，愈滾愈大，整個人就像被撒旦控制住了，讓人生變了調。

那麼，英雄原型的陰暗面、負能量有哪些呢？英雄原型的陰暗面、負能量就是梟雄原型，心中只有自己，為達勝利不擇手段，會把所有跟自己不同的都看作威脅，並且會使用暴力來征服，逞凶鬥狠、殘忍無情。這裡所說的暴力，不只是肢體暴力，還包括了語言暴力。

一個英雄原型的丈夫，如果平常都很顧家，卻因為妻子不聽從他的意見而施暴，這個男人就是被英雄原型的負能量控制住了。當暴怒的情緒回到正常，他會很後悔，如果不修練，不去提升、轉化自己體內英雄原型的陰暗面，很有可能最後行為固化，主要原型從英雄質變成為梟雄了。

修練指南

我的老師，英國曼徹斯特大學哲學博士陳怡安教授告訴我：「自覺是治療的開始。」用「治療」二字可能太強烈了，我用「改變」來取代。自覺是改變的開始，人之所以會愈變愈好，就是因為有自覺──自覺還有不足、自覺可以更好。

英雄原型有目標、肯行動，也不怕挫折，基本上已經具備

成功者的特質，如果能夠再進行以下 3 項重要修練，有很大的
機會進化到 9 大原型的最高等級，也就是王者原型。

1. 提升的修練：開拓胸襟、視野

　　提升的修練，一定是往自己主要原型的最高層次去修練。
想要往英雄原型的最高層次提升，就必須練習用更高的角度、
更宏觀的視野、更廣闊的胸襟，看待衝突、解決問題。

　　除了搞清楚什麼是真正重要的事，為真正重要的事而戰之
外，還必須考量整體利益，也就是所有人，包括對手的利益，
絕不隨便犧牲任何人，要努力讓「大家一起好」，而不是「我
好，你不好」。就算必須制裁某個人，也要思考如何把傷害降
到最低。

2. 轉化的修練：接受他人不同之處

　　你知道英雄特質最負面的表現是什麼嗎？就是「自以為
是」，覺得自己比別人優越、比別人正義，會控制不住自己，
一直想要證明自己是對的，別人是錯的，並且慣用暴力使別人
屈服，不管是言語暴力或是肢體暴力。常常霸凌了別人，還自
以為正義。

　　想要轉化這個負面特質，首先要練習「重新看待所有與自
己不同的東西」，包括了性格、觀點、立場、喜好、選擇的不

同,接下來才是練習「接受」這些不同。我有一些醫生朋友,他們希望孩子將來也能夠是醫生,若孩子志不在此,爸爸能不能靜下心來,重新看待孩子與自己的不同,並且尊重孩子的選擇?

幾年前,一位網名為易小術的電視節目製作人,在新浪微博上講述了實習生「拒訂便當」的事件:在一次電視台策劃會上,主管讓一位實習生打電話幫同事們訂便當,那位實習生直接表示:「對不起,我是來實習如何當導演,不是打雜的,這種事我不會做。」

這個「便當事件」,招來眾多前輩的口誅筆伐,認為這說明了「90 後」不懂人情世故、過度自我中心。

英雄原型主管們,如何重新看待這樣的世代呢?頭痛是頭痛,總不能都拒絕聘用 1990 年後出生的員工吧?江蘇經綸集團總經理袁鋒說了:「對於用人單位而言,首先需要了解 90 後這個群體的特徵,因勢利導,而不是單純的責備他們。90 後的表現欲強,那就給他們一個展示自己、表現自己的舞台,讓他們發揮自身優勢。除此之外,也需要提供一些個性化的培訓和輔導,讓他們盡快成熟、成長。」

3. 整合的修練:向智者、照顧者學習

關於整合其他原型的能力,我建議英雄原型向智者和照顧

者原型學習。英雄原型如果缺乏智者的思考、分析能力，在事業上成不了氣候，常常打下了江山，卻守不住江山。

如何擁有智者的能力呢？第一，積極蒐集各種人生體驗，不經一事、不長一智，自己親身經歷過的事，一定比別人告訴你的還要深刻。經歷過後，要記得反思，整理得到的教訓和收穫。

第二、是學習。學習的方式有很多種，看書、聽演講、參加培訓課程、購買線上課程、聽音頻課程、請教別人……，自己花時間做學習筆記，能培養思考能力。

第三、找出靜心的方式。學打坐、抄《心經》、跑步、寫書法、畫畫、跑到自己的祕密基地躲起來……，不管用什麼方式，只要能靜下來，和自己的心對話，就能夠從中得到智慧。

以上 3 個方法，能讓你在不如意的事情發生時，不會意氣用事、更不會衝動誤事，將更有智慧、更有謀略地規劃出圓滿解決問題的方案。

而外掛照顧者的能力，則是學習用悲憫的角度看待人性，更能夠同理別人的難處，成為一個有勇有謀又溫暖的人。英雄原型的你，不妨多看幾次談智者、照顧者和王者原型的這幾個單元，列出自己可以學習的地方，以及可以做得更好的項目。

梟雄修練之路

從一意孤行到仁者無敵

電視劇「老九門」裡有個反派角色叫裘德考，他是個美國人，抗日期間，表面上是美國商會會長，真實身分卻是與日本人合作的盜墓賊。

裘德考在劇裡，是個如上帝般無所不知的角色，不但心狠手辣，也有足夠的資源讓他為所欲為。然而，他卻有個強大心魔——怕變老、更怕死，為了得到傳說中能讓人長生不老的寶藏，壞事做盡。

這個傳說中能讓人長生不老的東西叫做「隕銅」，隕銅含有巨大的能量，能干擾人的腦波，讓人產生幻覺。裘德考在墓穴裡找到了隕銅，並且在隕銅能量的影響下，看到了自己高齡的模樣：奄奄一息躺在床上，滿臉皺紋，即將死去。這個幻象觸動了他心中最深的恐懼，從墓裡出來後，他完全被心魔所控制，整個人就瘋了。

裘德考的心魔，是梟雄原型特質的精準隱喻。當我看到有人透過瘋狂掃貨、暴飲暴食、猛看電視、狂打遊戲或酗酒這些方式來麻痺自己、讓自己能夠暫時不必面對生命中的挑戰或傷痛時，他們已經被心魔所控制，體內的梟雄原型特質正在對他

們的生活造成負面影響。

　　梟雄原型也有 3 個層次。第一個層次，也是最低的層次，是對某些事產生困惑或失落後，感到忿忿不平，或者自暴自棄。例如，好人沒有好報、自己依戀的親友因意外而喪生、曾經很努力要得到的東西，費盡千辛萬苦得到後，突然發現一點價值都沒有，實在難以忍受。也有人因為找不到活著的意義而自暴自棄。

　　不管是忿忿不平，還是自暴自棄，都會讓人的各種選擇，走向破壞的方向，而不是建設的方向。

　　第二個層次，接受了人會死亡、生命有限、自我能力有限的無力感。這些無力感不會消失，但至少願意接受。

　　第三個層次，打敗自己的心魔，放下那些對自己或他人的生命，沒有好處的觀念、事物，帶著對生命的了解與領悟，做出正向且合適的選擇。

性格負能量

　　梟雄原型的陰暗面不是英雄原型，而是我們最不樂見的兩種情況：自我毀滅，以及毀滅他人。

　　2017 年 10 月 1 日晚間，美國賭城拉斯維加斯仍如往常般熱鬧。一場露天音樂會，吸引了 2 萬多名觀眾，也吸引了入住

附近曼德蕾海濱度假酒店的一名住客。這名入住 32 樓的男子斯蒂芬‧帕多克，用槍對準了樓下聚集的人群掃射，導致 58 人死亡、400 多人受傷，而這名行兇的 64 歲退休會計師，在槍擊後自殺了。

根據媒體報導，帕多克跟其他大規模槍擊案兇手，都呈現出同樣的反社會人格特徵。反社會人格患者在不熟的人面前，往往會展現出聰明、人緣佳的形象，實際上他們會殘酷無情地利用身邊的人，達到他們的目的，這也是梟雄原型的典型行為。

梟雄也有可能從社會底層發展出來，電影「寄生上流」裡金基澤一家人，從兒子偽造學歷證明進入有錢人家（朴家）打工開始，到最整個失控毀了 3 個家庭；電影「小丑」講的是主角亞瑟，從一名扮演小丑、想帶給大家的歡樂的凡夫俗子，經歷一連串無法承受的挫折之後，黑化成為高壇市最窮凶惡極殺人魔的故事，讓人感到無比沉重。

對於反社會人格的成因，學者沒有定論，有人認為他們可能是在生長過程中，遇到某些原因導致對社會失去信任，進而造成思想上的異常，也有人認為他們只是善於逃避心中不舒服的感受而已。

不管如何，人的內在一旦被梟雄原型的陰暗面控制住而無法掙脫，往往會發生玉石俱焚的憾事。

修練指南

　　我必須再引用一次我的老師，英國曼徹斯特大學哲學博士陳怡安教授的話：「自覺是治療的開始。」別人告訴我們哪裡不好、哪裡該修正、該改進，我們通常是不會採納的，要嘛裝死，應付應付，或當作耳邊風；要嘛反嗆回去，調侃對方「住海邊」，管得未免也太寬了。

　　唯有靜下心來檢視自己、反省自己，才能覺察到自己有沒有心魔，有沒有無意識的就被內在梟雄原型的陰暗面所控制。梟雄原型是個能量很強的原型，以下 3 項修練，能讓體內的梟雄原型棄暗投明，往「仁者無敵」的境界走去。

1. 提升的修練：練習斷、捨、離

　　往梟雄原型的最高層次提升，把骨子裡那股狠勁拿來用在適合的地方，威力是很強大的，方法是練習對所有不好、不適合的東西斷、捨、離。

　　這些不適合的東西可能是一個壞習慣、一個卡住自己的觀念、一份讓你失去熱情的工作、一段不倫的關係……，只要你意識到，就要勇敢地捨棄、放下，把專注力放在找到一個更適合你的來取代。

　　「威力之點就在當下。」新時代哲學賽斯（Seth）心法強

調：「每個人都可以透過思想、信念和期許創造自己的實相。」
我們在每個當下都可以通過威力之點（point of power）去影響
事物的變化。

　　每個當下都是威力之點，就是梟雄原型可以善用的：在每
一個當下，只要意識到自己有力量拒絕那些不好的誘惑、有力
量執行更好的方案，就能避免向下沉淪。

　　年輕時工作壓力大，我吃東西沒有節制，晚上的課程結束
後，回家還會再吃一頓宵夜，這個壞習慣累積到中年，讓我體
重超標、身材走樣。後來我開始調整飲食習慣，晚上下課回家
後不再吃宵夜，而是邀請太太陪我去散步半小時，連續實施
21 天之後，新的散步習慣成功取代了原來的吃宵夜壞習慣，
我慢慢瘦下來，也能跟太太有一小段獨處說話的時間，感覺很
不錯。

2. 轉化的修練：靜心面對不舒服感受

　　別人不照你的意思去做、無緣無故被冒犯、事情沒做好被
老闆罵、考不上理想的學校、你愛的人不愛你、已經很努力工
作了卻仍然活得很卑微……。生活，能讓人心裡不舒服的事太
多太多了，所謂的成熟，就是能找到一套面對、轉化這些不舒
服的方法，而不是任由這些不舒服的感覺無限上綱、改寫你腦
袋裡的程式碼，把你變成自己也不喜歡的那種人。

　　不少音樂創作者，透過音樂創作，成功轉化了心裡那些忿忿不平，在音樂創作的過程中，找到了面對不舒服的方法，也透過自己的作品，陪伴更多人度過他們的低潮。

　　在尋找轉化不舒服的方法的過程中，要特別注意不要掉入另一種上癮行為，藉酒澆愁愁更愁，當心又被梟雄原型的陰暗面給控制住了。

3. 整合的修練：向丑角、情人學習

　　梟雄原型向丑角原型學彈性、向情人原型學柔軟，會活得比較放鬆、平靜，不再那麼容易被心魔所控制。

　　梟雄原型面對不如意的事情時，整個人是緊繃的，人一緊繃，就會放大解讀，而且是朝負方面放大解讀，看事情的角度容易變得僵硬，動不動就暴怒，非要搞得你死我活，不留餘

別讓自己孤獨終老

梟雄原型很容易一意孤行，就算不樹敵，也容易把身邊的人一個一個逼走，孤獨終老。往最高層次梟雄原型修練，斬斷影響自己的負面事物、保有彈性和柔軟，演化到王者原型，指日可待。

地。丑角原型的放鬆，能讓梟雄原型增加彈性，比較能幽默看待人生的不如意，也比較願意選擇不傷害自己、不傷害他人的處理方式。

在「愛」的面前，每個人都會變得柔軟，即使是梟雄也不例外。向情人原型學柔軟，指的是梟雄原型要練習放下控制，就像我在情人原型裡說的那個小故事，爸爸告訴逼烏龜探頭的孩子：「當你想要別人照你的意思去做時，不要用教訓、攻擊的方式，硬來不會有效果；而是要溫柔地對待、傾聽，讓他覺得你懂他，這樣對方比較能接受。」

智者修練之路

從料事如神到大智若愚

　　我常常覺得，能把聰明用在對的地方，兼顧做事與做人，才是真智慧。禪學大師南懷瑾曾經舉 3 位歷史名人為例，說明成功的境界。

　　第一位是北宋民族英雄岳飛。岳飛打仗可以說是百戰百勝，「做事」這個部分，沒有話說；在「做人」這個部分，卻成為他冤死的主因。

　　其一，他得罪了昔日長官張俊，被張俊和秦檜聯手陷害；其二，他的政治理念跟老闆宋高宗不一樣，又常常不管老闆的想法，在國家財政吃緊的情況下，仍然堅持北上抗金，宋高宗最後只好賜他一死，找回當老闆的安全感。

　　第二位是南宋民族英雄文天祥。文天祥跟岳飛剛好相反，做人很成功，他散盡家財，起兵抗元，連敵人元世祖忽必烈都欣賞他；不過，在做事方面，他每戰必敗，不但連累妻兒，最終自己也變成階下囚，在獄中寫下〈正氣歌〉之後，就被處死了。

　　讓南懷瑾老師稱頌的第三位，是唐朝名將郭子儀。身高一米八，儀表堂堂的郭子儀，勤王每戰必勝，戰功彪炳，這是做

事成功；他不但深受部屬愛戴，也知道功高震主很危險，在打勝仗後，馬上辭去兵權，讓皇帝老闆安心。大智若愚、大巧若拙的郭子儀，晚年地位崇高，退休後富貴加身，跟7個兒子、8個女婿大團圓，享受人生最平凡的幸福，直到善終，這是他做人的成功。

關於郭子儀的智慧，有個小故事也很值得一提。郭子儀晚年在家養老時，王侯將相前來拜訪，郭子儀的姬妾從來不用迴避。唯獨唐德宗的寵臣盧杞來串門子的時候，郭子儀趕緊讓眾姬妾退下，自己單獨接待。

盧杞走後，郭子儀向家人說明：「盧杞這個人相貌醜陋、心地險惡，姬妾見到他，肯定會忍不住笑出聲來，盧杞聽了必然懷恨在心，將來他大權在握，若想起今天被取笑這事兒，我郭家就要大禍臨頭了。」

後來盧杞當上宰相，果然被郭子儀料中，他事先巧妙地避開了一場大禍。歷史上的名人，像郭子儀這樣跟任何人都能和諧相處、把人生經營得面面俱到的人太少了，他的智慧確實讓人佩服。

從以上說明，來看看智者的3個層次。第一個層次，也是最低的層次，有智，沒有慧，執著於知識，想找出萬事萬物背後的終極標準答案。重視對錯，卻忽略人情，人際關係通常不是太好。

第二個層次，覺察到世間萬物的多面性與複雜性，也接受人的頭腦本身就是一種局限，在這個局限下，沒有真正客觀的對與錯，比第一個層次的智者更有同理心和人味兒，待人處事出現彈性。

第三個層次，也是智者的最高層次，「智」與「慧」雙雙高度發展，能夠超越思想的障礙，用靈魂或心靈的角度提升自己，持續進化。這個階段的智者已經放掉執著和妄想，了解到眼前的一切都是自己選擇的結果，並且對人性有著更深的理解，知道如何趨吉避凶，活得既有尊嚴又謙卑，相處起來是最舒服的。

性格負能量

智者原型的陰暗面滿讓人討厭的，主要有兩種。第一種我稱為「高冷型局外人」，用一種事不關己的態度，冷漠、疏離地看著世間發生的一切，彷彿他是全知全能的上帝，或是已經開悟的化外高人，其他人都是在紅塵中打滾的笨蛋，這種人最常遇到的報應叫「聰明反被聰明誤」。

第二種我稱之為「負能量自大狂」，看什麼都不順眼，永遠都只看到不好的那一面，說話內容都是主觀的批評、價值判斷，還有各種自以為是。

修練指南

對於上通天文、下知地理、料事如神的智者來說，人生的功課在於「彈性」與「人情」。想要像郭子儀一樣擁有成功又幸福的人生，以下 3 項修練值得努力。

1. 提升的修練：小事糊塗、大事不糊塗

宋朝時期，宋太宗有意讓呂端擔任宰相，有人認為呂端為人糊塗，不合適。宋太宗卻看出呂端是小事糊塗，大事不糊塗。如果呂端真的糊塗，怎麼可能贏得北宋太祖、太宗、真宗三位老闆的信任？對於軍國大事，他思慮周密，清醒得很；至於他個人，卻是不計較名利、官位，也不計較別人冒犯他。

舉個例子，在呂端剛擔任副宰相的時候，一個平常聽多了他糊塗事蹟的小官，很不屑地說：「這種人竟然也可以當副宰相？」呂端的隨從很氣，硬要問出這個小官的姓名，呂端卻說：「不要問，你問了他就得說，他說了，我也就知道了，而我一旦知道，對這種公然侮辱一定終身難忘，我雖然不會刻意去報復他，以後如果他有什麼事栽在我手裡，我一定很難公正地對待他。所以，還是不要知道他叫什麼名字比較好。」

一個人這輩子能不能成功、幸福，關鍵往往不是能力，而是個性。聰明如你，不妨也想想自己生活中有哪些事是大事？

有哪些事是小事？練習在小事方面糊塗一點，反而能讓智慧發光。

2. 轉化的修練：不要只當旁觀者

某天夜裡，我那智者原型的老婆接到一通電話，是一位學妹打來哭訴失戀的悲傷，只見我老婆用冷冷的聲音，開始分析這段戀情失敗的原因：「第一，你們個性完全不同，他當初追你時的優點，在一起之後統統變成缺點。第二，你們工作性質差太多，各忙各的沒有交集。第三，你們的價值觀差更多……。」她講得理直氣壯、不卑不亢。

學妹聽完學姊如此精闢的分析，突然號啕大哭了起來說：「學姊，你講得都對，可是我就是很愛他呀，怎麼辦？」我老婆竟然用一種早料到她會如此的口氣回答：「我該說的都說了，你如果還那麼執著，那就是你的業障了！」

學妹愣了幾秒之後，草草掛了電話。老婆一掛上電話，我就問她：「你剛剛在安慰學妹啊？」她的回答更妙：「沒有啊！我這輩子沒安慰過人耶！安慰又不能解決問題，有問題當然是要想辦法解決。」

其實學妹願意聊失戀不代表她想解決問題，就只是單純想找個人講講話，希望能得到一些安慰，這時只要用同理心傾聽就好，智者原型的職業病一犯就開始分析，說話很理智、冷

269

靜，忘了「悲傷對方的悲傷」，反而讓人家更受傷。要知道，安慰的話語雖然不能解決問題，卻能滿足感情、溫暖心靈。

　　分析，是旁觀者的行為，會製造出一種自己很聰明、看得很透澈的優越感，對方不會感受到支持，反而會覺得自己矮一截；與對方同悲同喜，不是什麼了不起的溝通技巧，卻也是一種智慧的展現，能讓你人緣愈來愈好。

3. 整合的修練：向英雄、照顧者學習

　　智者原型過於理智，常常出現兩個弱點。第一個弱點是想太多，瞻前顧後，不敢行動，「想都是問題，做才有答案」，所以我建議向英雄原型學習行動力，想到一個階段就先去做做看，不對再回來修正，總比一步都沒有踏出去要好。

　　第二個弱點是就事論事、沒有溫度，少了點人味兒。我有個哥兒們，很少接送老婆，不是因為有小三，而是他認為老婆自己有行動能力，不需要接送。其實，與人相處「攻心為上」是永遠不敗的策略，向照顧者原型學習體貼，對人生很有戰略價值。

丑角修練之路

從輕鬆笑鬧到照亮人間

　　已故的美國喜劇泰斗羅賓威廉斯（Robin Williams）是我非常喜歡的丑角原型人物。他喜歡享樂，公開承認自己是電子遊戲迷，玩過「魔獸爭霸3」、「戰慄時空」等遊戲，這正是丑角原型的特質之一。

　　羅賓威廉斯一生中飾演過許多帶有喜劇色彩的角色，像是「早安越南」裡的美軍DJ，他充分發揮了招牌式的搞笑本領，聲音、表情、肢體語言都逗得美國大兵和螢幕前的觀眾哈哈大笑。

　　在「心靈點滴」這部電影當中，羅賓威廉斯搖身一變，變成了一個努力帶給病人歡笑的醫生，他覺得病房的氣氛實在太沉悶、悲觀了，於是用各種搞笑的方式逗病人笑，他扮成小丑逗病童的畫面，成為經典。羅賓威廉斯不只在電影作品裡擔任稱職的丑角，在現實生活中，同樣用丑角的方式來表達對別人的愛。

　　1995年5月，曾經飾演電影「超人」的演員克里斯多夫‧李維（Christopher Reeve），因墜馬意外而癱瘓。當時克里斯多夫在醫院接受治療，心情極度低落，因為他只剩下頸部以上和

一根腳趾能動。

　　事發一個星期之後，羅賓威廉斯現身醫院，頂著藍色帽子、穿上鮮黃袍子、戴起外科手術口罩，以一口俄羅斯腔英語，扮成瘋瘋癲癲的醫師，來到克里斯多夫的病床前為他「看病」。當羅賓威廉斯脫下口罩，克里斯多夫忍不住笑出來，這也是他發生意外以來第一次笑。

　　然而，一生帶給家人、朋友、觀眾無數歡樂的羅賓威廉斯，晚年卻因為飽受失智症折磨，選擇結束自己的生命，為世界留下了無限的不捨。

　　在談丑角原型的修練之前，一樣先來講講它的 3 個層次。

　　第一個層次，也是最低的層次，只追求輕鬆、好玩，不想承擔責任。私底下耍寶、調侃一下自己可以，有好玩的事兒他也會湊熱鬧，如果要他認真準備一個表演節目娛樂大家，他就不要了。

　　第二個層次，像個調皮搗蛋的孩子，以奸巧的方式遊戲人間，利用聰明才智戲耍別人，碰到阻礙不會傻傻硬闖，採用迂迴的方式巧妙繞過阻礙，以創新的方式解決問題。

　　第三個層次，也是丑角的最高層次，完全活在當下，沒有世故、沒有虛偽，也不以自我為中心。搞笑、幽默成為獻給世界的禮物，用幽默的方式把智慧、溫暖傳遞出去，照亮人間陰暗的角落、每一顆晦暗的心。

性格負能量

丑角原型的陰暗面，呈現出來的樣子像被溺愛到壞掉的小孩，貪圖感官享受、好吃懶做，不願負責，有些人會用酒精或藥品麻醉自己，甚至用機巧詐騙傷害無辜，演變成破壞社會的負面力量。

修練指南

當丑角原型在生命中居主導地位時，會全然活在當下、享受生命；但是也可能會有些玩世不恭，忽視生命中該面對的重大問題。活著就是要快樂沒錯，但生命要的可不是膚淺、短暫的快樂，如何讓生命裡的快樂更有深度、更持久呢？這裡提供給丑角原型 3 個修練方向。

1. 提升的修練：承擔責任

人一生都在追求兩件事：一是可愛，二是有用。跟天真者原型比起來，丑角原型已經不算可愛了，沒辦法用可愛來換取生存資源。那麼，丑角原型的人有用嗎？當然有啊！光是用創意解決問題這個天賦，就夠嗆的了！但是如果沒有承擔責任的意願，能力再強、再有用也是白搭。

在這裡要送給丑角原型一個金句：「在別人的需要裡，看見自己的責任」。至於承擔起責任之後，要用什麼方式處理，嘿嘿！這就是丑角原型可以發揮創意的地方了。有趣的是，當丑角開始用幽默、創意解決問題時，整個人會散發出一種迷人的魅力，這時，反而同時擁有了「可愛」與「有用」。

2. 轉化的修練：愛與歸屬

丑角原型如果只想著玩樂，總是逃避責任，生活會演變成一場漫無目的漂泊流浪，像浮萍一樣沒有附著、沒有歸屬。一旦丑角原型願意去愛，願意對愛情、友誼、工作、家庭做出承諾時，便能掙脫陰暗面的控制。漸漸會發現為了愛承擔責任，沒有想像中可怕，反而因為有了摯愛、有了歸屬感，體驗到生命裡更深層、飽滿、持久的快樂。有了這些深度生命體驗的丑角原型，會變得更睿智，並且令人尊敬。

「那年花開月正圓」裡，女主角周瑩的爸爸周老四，就是一個丑角原型的人物，他原本帶著周瑩四處賣藝討生活，隨著周瑩來到吳家東院，雖然他還是有流浪天涯的打算，為了保護周瑩，他先留在涇陽玩樂玩樂，賭博、跑風月場所、到處偷東西……，惡習不改，直到替周瑩挨了胡詠梅一刀而天人永隔。周老四的父愛，成功轉化了丑角原型的陰暗面，照亮了女兒周瑩的人生。

3. 整合的修練：向梟雄、情人學習

由於丑角原型很容易被陰暗面影響，染上縱情聲色等惡習，因此，向梟雄原型學習「斷捨離」挺有用的，一覺察到自己有貪吃、酗酒、3C 成癮的壞習慣時，就要有意識的戒除，以免愈陷愈深。

至於向情人原型學習，則是外掛「連結力」。要一個整天都在玩網路遊戲的人，獨自到郊外走走，他怎麼會有動力？不過，若是幾個好朋友相約去踏青，有了跟朋友的連結，願意離開電腦的動力就強一些。能與自己周遭的人、事、物親密連結，就是情人原型的行為展現。

用幽默擴散歡樂

獨樂樂不如眾樂樂，只顧自己快樂就好的丑角原型，不妨試著找出與其他人、事、物的連結，用自己的幽默、創意，把快樂帶給別人，一圈一圈往外擴散自己的愛。

情人修練之路

從渴望被愛到創造幸福

　　愛，是生存的本能，也是一個人跟世界上其他人、事、物連結的基礎。小孩在成長過程中自然而然擁有一種能力，就是讓自己和某人或某種物品密切連結。首先是父母或主要照顧者，之後是心愛的毯子或玩具。

　　當小孩漸漸長大，愛意會像漣漪一樣擴散出去，他會對住的房子、常去玩的公園、學校產生感情，也會和兄弟姊妹、親戚、玩伴、朋友有密切的關係，或者會偏愛某些玩具，即使已經超過玩那些玩具的年齡，或者玩具已經老舊不堪了，也捨不得丟掉。

　　美國心理學專家卡蘿・皮爾森曾說：「人若與世界沒有任何連結，就會產生各式各樣的問題。從封閉自戀，到日常生活中無法對自己、對所愛的人、對工作、對倫理價值給予承諾。」能與自己周遭的人、事、物親密連結，就是情人原型的行為展現。

　　我女兒今年 12 歲，她很喜歡韓國偶像團體 TWICE、BTS，聽他們的歌、看他們的視頻、模仿他們跳舞、蒐集他們的周邊商品……，這是孩子在擴大她「愛」的範圍，藉由與偶

像的各種連結，活得有滋有味兒。我從她身上，看到情人原型的小苗兒正在茁壯生長，這是她未來與更多人、事、物連結的基礎。

當你對某個人、某件事、某個物品產生喜歡的感受，一直想要去連結的時候，你的情人原型就已經在發展了。現在，我們來看看情人原型有哪 3 個層次？

第一個層次，我稱之為「等愛的人」。對幸福有憧憬，期待自己所愛的人也愛自己。這裡所說的愛，不是親情、友情之愛，而是愛情的愛。在這個層次，最容易產生單戀、暗戀的現象，可能是喜歡上學校裡或單位裡某個人，只要每天能看到他，或者跟他對到眼，哪怕只是幾秒鐘，那種怦然心動的感覺，就是一整天幸福能量的來源。

第二個層次，我稱之為「獻身的人」，與自己所愛的人結合、為對方獻身。這種情況不一定是兩情相悅，也有可能是一廂情願，總之，是把自己給獻出去了。如果是兩情相悅，兩人都會體驗到前所未有的幸福感，彼此相屬，不再孤單。如果是一廂情願，對方選擇跟你結合的原因不是因為愛你，而是另有其他算計，那就注定是悲劇。

第三個層次，也是的情人原型最高層次：陰陽調和的人。這裡所說的「陰陽調和」不是指魚水之歡，而是指全然地自我接受，把內在的陽性能量和陰性能量整合起來，成為一個更完

整的自己。高層次的情人原型是全然地愛自己，然後可以自由地愛其他人，不會對關係有所依附和執著，因為愛已不再缺乏，既能夠保有自己，也能夠自由地愛與被愛。

性格負能量

情人原型的陰暗面，呈現出來是佛家所說的「求不得苦」、「愛別離苦」、「怨憎會苦」，以及病態的上癮行為，像是嫉妒別人有親密伴侶而自己卻沒有；對自己喜歡的人死纏爛打，即使對方已經明確拒絕，仍然不放手；對於親密關係非常執著，如果對方要離開，就會想不開尋短，完全無視於親情和友情；被情慾所控制，無法與人正常交往；結婚後發現另一半不如預期，寧願跟對方維持著一個很不快樂的關係，也不願離開，活著唯一目標就是留在關係裡，想辦法讓另一半不好過；或者，用愛來控制對方。

更嚴重的，可能變成戀物癖、戀童癖、戀屍癖。另一種完全相反的發展——主張禁慾，也是情人原型的陰暗面在作祟。

修練指南

情人原型是幫助我們創造幸福的原型，在人與人的關係日

漸脆弱、疏離的現代，如何擁有創造幸福的能力呢？以下 3 個修練方向值得努力。

1. 提升的修練：保有自我

我們與他人的關係，是最好的人間修行道場，在愛情中更是如此。成熟的愛情，不是兩個殘缺的圓，我去補你缺的一角，或你來補我缺的一角，而是雙方都願意在關係中，各自修練成兩個完整的圓，有一部分交疊在一起，卻仍然可以保有完整的自己。

剛剛開始談戀愛或剛結婚的時候，兩個人都有不成熟的地方，有些可以自己覺察，有些必須從相處過程中遇到的問題來體察。可能原本個性很強勢的老婆，從老公的好脾氣裡，學到了隨和與包容；也可能是原本個性很柔弱的老婆，在老公必須長期離家工作的情況下，學到了堅強。

當兩個人在關係裡都能整合出更完整的自我時，成熟而自由的愛，才會出現，才會真正滋養關係裡的雙方。黎巴嫩詩人卡里‧紀伯侖（Kahlil Gibran）在《先知》這本作品裡，有談論到婚姻，他寫得很美，我節錄一段：

「在你們的依偎裡留有餘地，

　讓天風在你們之間舞蹈。

　彼此相愛，卻不要讓愛成為枷鎖；

讓它在你們靈魂的沙岸間，成為流動的海洋。

彼此斟滿了杯，卻不要在同一杯中啜飲，

彼此遞贈麵包，卻不要在同一塊上取食。

快樂的在一起唱歌、舞蹈，卻仍然讓彼此保留自我，

即使是豎琴上的琴弦，也是各自獨立的，

儘管它們在同一首樂曲中顫動。」

這個修練，就是在你欣賞的情人身上，找到你內在陰性與陽性特質，像拼圖一樣，一片一片拼回自己身上，讓自己更完整、更圓融、更能自由地愛與被愛。在這個層次，有愛情你會很享受，沒愛情也不會覺得生命有缺憾。

2. 轉化的修練：將破壞轉化成創造

只要被情人原型的陰暗面所控制，都沒有好事，要嘛傷害自己，要嘛傷害別人，因情生妒、因愛生恨，這樣的破壞力實在是很可怕。

掙脫陰暗面最有效的方法，就是有意識的轉化自己的負面能量，導向能創造正面結果的事情上。例如，因為對方劈腿而非自願失戀時，在暴怒、大哭過後，要試著控制報復或者求對方回頭的念頭，把這股能量轉到「趁失戀期，讓自己變得更好」這個目標上面，為自己安排進修學習、健身計畫，或者發展新的興趣、才藝，總之，把焦點放回自己身上，創造一個條

件更好的自己。

　　這麼做的好處是，你把能量放在對的地方，讓自己從一個等愛、求愛的人，蛻變為一個有能力創造幸福的人。回頭你會倒抽一口氣，慶幸當初有這一段低潮，因為上天已經為你預備了一個更好、更適合你的伴侶。

3. 整合的修練：向智者、英雄學習

　　情人原型實在是太感性、太浪漫了，所以建議不管哪一個原型，在談戀愛時，外掛一點智者的理性分析、判斷能力，以及英雄自我保護的能力，免得一頭栽進去，才發現愛錯了人，或是被對方傷害時不知道如何自我保護。

照顧者修練之路

從犧牲小我到利他循環

關於照顧者的修練，網路上有一篇文章〈真正的母愛，是一場得體的退出〉，被無數網友瘋狂分享，我來轉述一下。

有一位 57 歲的媽媽，退休那年兒子剛好結婚，一直以來她都非常寵兒子，兒子結婚了，她就和老伴兒搬到兒子住家的同一個社區，每天一早去兒子家裡煮飯、打掃，等兒子、媳婦準備睡覺，她才回家休息，這一切在她看來，像呼吸一樣自然、一樣理所應當。

不料，她的兒媳婦偷偷換掉了門鎖，讓她沒辦法開門進去。她在門外聽到了兒媳婦和兒子的對話：「內衣扔在髒衣籃，第二天早上一定被你媽給洗了。看著陽台的短褲和胸罩，我沒有被幫忙的快樂，只有隱私被窺視的尷尬。」、「她就不能像別人一樣，去公園運動，別像個攝影機似的盯著咱們。」

不管在職場還是家庭，這位媽媽自認都是一把好手，可到頭來，在兒媳婦的眼裡，她竟是一個如此不懂事的人。她有智慧的老伴兒說：「看看妳那些同事，近的遊遍國內，遠的都環球了。妳從前多新潮的一個人，為了他們，就這麼被別的老頭、老太太給落下了。想想，我都替妳憋屈得慌……。」接

著，老倆口兒就到草原上旅遊去了。

在牧民家裡，她親眼目睹了羊媽媽產子的全過程，看著羊媽媽哺乳小羊的樣子，曾幾何時，自己和兒子不也是如此親暱嗎？老伴兒有備而來：「草原上的游牧民族，一年四季都在遷徙，要是羊媽媽也像妳那樣，凡事捨不得放手，這小羊怎麼活下來？再說，誰願意嫁給一個精神上還沒斷奶的羊？」

於是她領悟到：「真正的母愛，是一場得體的退出。」回家後，把生活重心轉移到自己身上，抽離了對兒子窒息式的付出，家庭氣氛也有了好的轉變。

來看看照顧者原型的 3 個層次。第一個層次，我稱之為「犧牲的人」。經常在照顧自己與照顧他人之間掙扎，掙扎到最後，往往選擇犧牲自己去滿足別人的需要。仔細觀察，身邊不乏這個層次的照顧者，像是許多新手媽媽在用餐時間，都是餓著肚子先把小孩餵飽，再匆匆忙忙吃幾口飯；有不少醫生犧牲休息時間，半夜衝進開刀房動手術，把病人從鬼門關拉回來。

第二個層次，我稱之為「平衡的人」，他們不會為了照顧別人犧牲自己，而是很有智慧地給出有條件的愛，在自願照顧別人的時候，不會耗損自己，既愛自己，也愛那些被他照顧的人。另外，也不會讓被照顧者有機會對他情感綁架，如果被照顧者不知感恩，想予取予求，會很明白讓對方知道，他不吃這

一套。

　　第三個層次，也是「照顧者」原型的最高層次，我稱之為「無我奉獻的人」，全心全意地奉獻給這個世界。

　　像是德蕾莎修女，她創立羅馬天主教仁愛傳教會，為罹患愛滋病、瘋癲、結核病的人提供居所，經營藥房、診所、孤兒院、學校，和兒童及家庭諮詢機構。英國知名動物行為學家珍古德，在促進黑猩猩保育、推廣動物福利、致力於環境保護和人道主義教育等領域成效卓著，都是照顧者原型最高層次的展現。

 性 格 負 能 量

　　照顧者原型的陰暗面有 3 種，第一種是受苦的「犧牲者」，以受苦的姿態控制被照顧者，造成被照顧者的愧疚感。第二種是「控制狂」，他們會放大照顧的恩惠，反過來對被照顧者勒索金錢、感情，或一切認為需要回報給他的東西。

　　第三種是「溺愛者」，在照顧別人時常常不知分寸，用錯誤的方式造成被照顧者對某些人事物過分沉溺、不願負責，或根本沒有能力負責，常見的有：利用糖果鼓勵孫子的爺爺、奶奶，或者以為沒有限制小孩零用錢，是愛的表現的父母。還有，把另一半疼到變成生活白痴的人。

修練指南

照顧者原型幫助我們發展道德意識和關懷照顧的能力，地球上愈多人願意好好發展自己的照顧者原型，世界就會變得愈美好。如何修練自己的照顧者原型呢？我提出 3 個方向。

1. 提升的修練：先把自己照顧好

留得青山在，不怕沒柴燒。一定要記住：「把自己照顧好的人，才有資格照顧別人。」犧牲或許是愛的表現，但會造成被照顧者的愧疚感，反而限制了被照顧者，這，算愛嗎？

父母不宜把孩子當成自己唯一的生活重心，為了孩子，沒有自己的社會交往、沒有自己的興趣愛好，不在乎自己是否快樂、幸福。這種教育帶給孩子的是什麼？除了壓力和相互之間

別讓付出變成耗損

要照顧者學會放手不容易，不過，值得努力。祝福你升級成功，進入利他循環 —— 真誠地對別人好，也欣然接受別人對你的好，讓付出不再是耗損，而是像迴力鏢一樣，也為自己帶來福報。

的折磨，沒有其他。

給孩子最好的示範是：夫妻恩愛、幸福，有自己的事業、社會角色，在孩子眼裡，父母是積極、樂觀、健康的人。你不需要為任何人犧牲，只需要有分寸地照顧需要照顧的人。

2. 轉化的修練：時刻自我覺察

要防止自己從照顧者，黑化成為犧牲者、控制狂或溺愛者，唯一的方法就是時刻的自我覺察。跟被你照顧的人聊聊吧！他們喜歡你照顧的方式嗎？你允許他們拒絕你的疼愛嗎？真正的愛，不是用自以為是的方式去愛別人，而是用別人想要的方式去愛他們。

3. 整合的修練：向丑角、梟雄學習

照顧者原型滿容易墨守成規、不知變通，老是用一成不變的方式照顧別人，讓關係死氣沉沉，所以我建議外掛丑角原型的能力，讓自己放鬆一點、快樂一點、更有創意一點，這樣也能讓被照顧者壓力不會那麼大。

另外，照顧者原型也需要外掛一些梟雄原型的能力，有時候真的要無情一點，狠下心來訓練被照顧者獨立，並且在被照顧者選擇離開時，要有斷捨離的能力，讓被照顧者沒有罣礙地放心離開。這樣的成全，也是愛的表現。

王者修練之路

從高處不勝寒到享受孤獨

在歷史上、戲劇裡，王者治理的是一個國家；在生活中，王者經營的是一個企業、單位或家庭；而對於每一個「個人」來說，內在的王者原型，負責經營自己長長的一生，愈早意識到這一點，愈有機會收穫一個物質與精神生活都豐盛的人生。

既然王者是一個物質和精神生活都豐盛的人，為什麼中國古代的皇帝們，要自稱寡人或孤（孤獨的孤）呢？寡人是皇帝的謙稱，意思是「寡德之人」，也就是在道德方面還不夠的人。中國古代講究天命，王者的權力、地位是上天賦予的，有德行的人才配稱王，才坐得住龍椅。王者一旦失德，就會從龍椅上掉下來，因此不斷地把「寡人」二字掛在嘴邊，時時提醒自己不要失德。

另外，寡和孤都有單獨的意思，就是普天之下，王者最大，沒有人可以跟王者平起平坐，高處不勝寒，王者注定孤獨。王者的孤獨，不是沒人理會的那種孤單寂寞，而是在他那個高度，握有很多重要的資源和情報，牽一髮而動全身，他不能隨便表露，甚至連自己的喜好、感情，都不能讓人輕易識破，以免被有心之人利用或迷惑而做錯決策，鑄成大錯。

講到王者注定孤獨，我年輕時曾經在深夜時分，接到一位父執輩企業家的電話，約我到酒吧小酌，我以為他要跟我分享經商之道、投資機會，結果真的只是純聊天。或許是因為我跟他沒有利害關係，才敢放心地跟我說話、解悶吧？

在談王者原型朝著「享受孤獨」的境界修練之前，先來講講它的 3 個層次。第一個層次，也是最低的層次，就是「對自己的生命負責」。別小看這 8 個字，當一個人能力不夠、缺乏資源、做錯選擇、捅了婁子又沒辦法收拾的時候，要對自己的生命負責，不是容易的事。一個孩子光是願意把自己照顧好、有能力把自己照顧好，能管好自己，就具備王者的雛型了。

第二個層次，是具有管理、領導他人能力的王者。理性的透過組織，調度、運用人力、物力等各種資源，讓這些資源有效率的達成目標，而這個目標，必須兼顧全體成員利益。

第三個層次，也是王者的最高層次，天人合一。孟子認為，「天」是比「人」還要強大、深奧的力量。《孟子·盡心上》裡頭說：「盡其心者，知其性也；知其性則知天矣。」王者的最高層次，能感應到宇宙（也就是天）的能量。如何與這個強大、深奧的力量連結呢？答案就是「盡心養性」，順應自己心裡最純正、最乾淨的想法去待人處世，並且完善自己的性格，圓融地生活在天、地、人之間。

這個層次的王者，關心的不只有自己的社會、國家，還關

心地球與全人類的整體利益。

 性格負能量

王者原型的陰暗面,是殘忍的暴君。用各種高壓手段控制能控制的所有資源,包括人。被陰暗面所控制的王者,追求的不是全體利益,而是自己的利益。由於他的權力地位很高、能調動的資源也多,喪心病狂起來,結果一定是生靈塗炭。

 修練指南

身為9大原型裡最高等級的王者原型,人生修練的方向不是外求,而是內求,唯有自己內心世界平靜和諧、豐盛繁榮,才能創造一個平靜和諧、豐盛繁榮的外在世界。

1. 提升的修練:提升意識層次

意識,是人對環境、自我的認知能力,以及認知的清晰程度。意識層次高的人,可以敏感地感知自己內在狀態和外在環境的變化,看事情比較全面。

有一個關於青蛙的童話故事,不是被公主親吻後變成王子的那隻青蛙,是另一隻有著王者思維的青蛙:村子裡來了一條

噴火龍，到處噴火，燒掉了一些村民的房子，讓村民很害怕。有一隻自稱是王子的青蛙，接受村民的委託去屠龍。青蛙如何屠龍呢？當然不是硬來，硬來很有可能變成火烤青蛙。

青蛙去找噴火龍談判，噴火龍無辜地告訴青蛙，並不是故意要燒掉村民的房子，噴火實在是天性使然，牠生來就必須噴火，一噴火，就會有東西被燒。青蛙想了想，告訴噴火龍：「這樣吧，你以後負責噴火燒村裡的垃圾，不要再亂燒房子了。」噴火龍欣然同意，村民也鬆了一口氣，皆大歡喜。

管理學上強調把人放在適當的職位，滿坑滿谷的用人之道，這故事200字講完，把我對人事管理的意識層次往上推了一層。後來我研究戲劇原型，學習到王者原型的思維是萬事萬物的相生相用，我試著用在生活裡，確實產生了正向影響。

修心，講的就是這麼一回事，透過各種啟發，推升自己的意識層次，把狹隘的心智模式打開，用開闊的格局來看待一切，才能妥善調動資源、平衡各方利益，為眾人帶來幸福。

2. 轉化的修練：自我反省與探索

為了避免變成殘忍的暴君，走火入魔地高壓控制、傷害別人，完善自己的性格，也是王者的重要功課。一個人所有好的改變，都源自於「自覺」，每天給自己一些獨處的時間，靜下心整理思緒和心情、反省自己還有哪裡可以做得更好、寫下當

天學到的東西、探索如何優化自己，是完善性格的好方法。

心裡有事，第一個要對話的不是別人，而是自己。在混亂的時候，更不宜把焦躁向外發散，企圖從別人那裡找到平靜。慷慨地給自己一段獨處時光，跟自己對話完了，如果還需要跟其他人談一談，才能更聚焦在真正的問題，而不是找人倒垃圾，讓關心自己的人擔待自己的負能量。這是一種「養性」，習慣了這樣靜心修練、享受孤獨，你會成為一個內在能量很強的人，再怎麼忙碌，都能一心不亂，活出滋潤。

3. 平衡的修練：自在運用其他原型能力

如果王者原型是一個人的主要原型，代表這個人已經整合了其他原型的正向特質與能力，所以他的修練不是整合，而是平衡。所有原型的正向特質和能力，在他體內為他所用，只要維持內在的平衡，就能隨著情境不同，自由自在地運用不同原型的能力，幫助他營運一個豐盛繁榮的王國，不管這個王國是家庭、組織、公司，還是國家。

最後，我有兩句話要送給正在讀這本書的你：「天下無心外之物，心中有天下之人」，祝福你的王者原型隨著日常修練愈發成熟。不但自己過得好，在你「影響圈」裡的每個人，也因為你的努力，過上物質與精神生活都豐盛的生活。

3 分鐘重點學習

找出正性格中正面特質，有意識的轉化負面特質，讓自己活得更自在。

- **天真者**：看似很容易受傷，卻是最容易開悟的一種原型。修練方向：勇敢冒險、打破「非黑即白」的幻象、外掛凡夫俗子、英雄的能力。

- **凡夫俗子**：對人生小事斤斤計較，對人生大事卻迷迷糊糊，把安逸當成生活目標。修練之道，在於積極學習其他原型的正向能量。

- **英雄**：英雄主義很容易變質成為「過分自信，輕視群眾」。修練方向：開拓胸襟及視野、接受他人不同之處，外掛智者、照顧者的能力。

- **梟雄**：梟雄就是內心的心魔，會讓人生各種選擇走向破壞。修練方向：練習斷捨離、靜心面對不舒服的感受，外掛丑角、情人的能力。

- **智者**：把聰明用對地方，兼顧做事與做人，才是真智慧。修練方向：學會小事糊塗、大事不糊塗，不要只當旁觀者，外掛英雄、照顧者的能力。

- **丑角**：全然活在當下、享受生命，也可能會有些玩世不恭。修練方向：承擔責任、找到愛與歸屬，外掛梟雄、情人的能力。

- **情人**：在人與人關係日漸疏離的現代，情人原型能幫我們創造幸福。修練方向：在關係中保有自我、將破壞轉化成創造，外掛智者、英雄的能力。

- **照顧者**：照顧別人若不知分寸，會造成被照顧者的負擔或帶來負面影響。修練方向：先把自己照顧好、時刻自我覺察，外掛丑角、梟雄的能力。

- **王者**：自己過的好，才能讓生活圈受影響的人，物質與精神生活都豐盛。修練方向：提升意識層次、自我反省與探索，平衡其他原型的力量。

豐富你的聲音能量

修練不同角色原型的聲音，

一方面是練習在生活中轉換思維，

提高自己的情商；

另一方面，是透過模仿聲音特點，

提升自己表達彈性及説話的影響力。

在 這個章節，我要來談的是「聲音與力量」。

在中文裡面，「力量」二字的用途很廣，我想用英文單字來表達會比較精確：聲音既是 Energy（能量），也是 Power（力量），分別代表了聲音的兩種作用力。自我對話的聲音是 Energy，是內在的力量；跟別人對話的聲音是 Power，是影響的力量。以下所說的力量，是指 Power，也就是對別人說話時「聲音的影響力」。

在物理學上，聲音沒有力量，聲波才有力量。人的聲波作為一種力量，是如何影響其他人的呢？我簡單說明一下。為了方便理解，在名詞上，我還是統一用「聲音」代稱「聲波」。

我們說話的聲音，會影響聽者的呼吸、心跳、腦波及荷爾蒙分泌。聽起來不舒服的聲音，跟在人體內注射皮質醇有類似的效果，皮質醇又叫作壓力荷爾蒙，會讓人產生兩種碰到挑戰時的反應，一種是戰鬥，一種是逃跑。大聲說話、拉高聲音說話、嘶吼著說話、字字句句都用重音說話，也會造成讓人想戰鬥或逃跑的效果。

相反的，如果說話聲音像海浪那樣，跟人類睡覺時呼吸的頻率相近，聽的人自然會感到放鬆。聲音讓人緊張或放鬆，就是一種力量的展現。一個人的聲音，除了影響聽者的生理反應，也會影響聽者的情緒。例如，持續聽一個帶有哭腔的人講話，情緒會在不知不覺間往下沉，對話結束後，身上的能量有

被抽掉的感覺。

但是，如果聲音很好聽、很迷人，會刺激聽者的大腦分泌催產素（能引發幸福感的荷爾蒙），有些男人擁有「聽了耳朵會懷孕的聲音」，就是形容聲音充滿磁性與魅力，讓人產生美好的情緒，想一聽再聽。聲音讓人產生正面或負面的情緒，也是力量的展現。

既然聲音有能量，那麼每一種原型的聲音，都有著不同的力量，能在不同情境下，給我們不同的幫助。

我把英雄、天真者、智者、丑角、王者、情人、照顧者這7種原型的聲音，視為7種不同類型的能量補充包，修練這7種不同聲音，一方面是練習在生活的不同情境，轉換不同的原型思維，提高自己的情商；另一方面，是透過模仿這些原型的聲音特點，提升聲音表達的彈性、能力，以及說話的影響力。

大多數人的本嗓都是凡夫俗子的聲音，所以不需要刻意練習；至於梟雄的聲音，如果本來沒有滄桑的菸酒嗓，就不要刻意學了，免得傷害到聲帶。所以本章節只分享7大原型的聲音修練方法。

應用天真者之聲

單純直接的穿透力

　　談到天真者之聲，最常見的誤解有兩個。第一個誤解是「娃娃音」。有些天真者原型的人，說話有娃娃音。不過，我也聽過另外一種娃娃音，聲音的主人是梟雄原型，聽起來天真無邪的聲音裡，藏了深沉的心機。

　　在職場上，娃娃音容易引起不必要的好奇與聯想，確實很難呈現出專業感，所以，我第一個要澄清的是：修練天真者的聲音，並不是要你用娃娃音講話。

　　第二個誤解是「幼稚感」。講話聲音呆萌，不一定是娃娃音，也可能是因為心智不夠成熟，講話還保有像孩子一般幼稚感。我聽過一些老闆抱怨公司新人講話聲音太幼稚，要不聽起來呆萌無腦，要不就是講話嘴巴裡像含了滷蛋，根本聽不清楚。

　　一個大人在職場上用孩子一般單純的聲音說話，就像是娃娃兵上戰場，會讓人產生「認知失調」的不舒服感。電視劇「杉杉來了」裡頭的薛杉杉，初入職場的說話聲音真是讓人捏一把冷汗，要不是因為大老闆封騰喜歡她，她早就被辦公室裡的心機鬼，鬥到變成職場邊緣人了。

　　還好薛杉杉這個角色從最初的「天真者＋凡夫俗子」原

型，演化到了「英雄＋情人」原型。她後來通過了會計師的考試，還為了還債，跟堂姊合開了珠寶精品店。飾演薛杉杉的趙麗穎，也隨著劇情的發展一路調整聲音，從天真無邪的小女孩，變成堅強卻不失可愛的輕熟女。

因此，我第二個要澄清的是：修練天真者的聲音，並不是要你回到過去，用小時候幼稚呆萌的聲音說話。

澄清完了，接著來說明一下成年人的「天真者之聲」。為了方便感受與理解，我想請你聽聽中國歌手霍尊、郭沁說話的聲音（參考示範音檔 032、033），有感受到天真者之聲宛如山澗清泉一般乾淨的力量嗎？真正的天真者之聲，是穿透力非常強的一種聲音，如此純淨的聲音，能夠直接穿透複雜多慮的人心，淨化人世間的雜亂。也許你也留意到，霍尊和郭沁說話內容都很直接，沒有太多思考，聽起來卻沒有呆萌感，為什麼呢？那是因為他們心思雖然單純，卻不幼稚，或許他倆都有著超越生理年齡的老靈魂吧？

孟子說：「大人者，不失其赤子之心者也。」意思是說，一個品德修養良好的大人，不會失去剛來到這世界上時，那顆純真、良善的心。修練天真者之聲，並不是裝幼稚、裝可愛、裝呆萌，而是審視自己的內心，是否慾望太多、思慮太過複雜、是否願意在歷盡滄桑後，回到單純、乾淨的狀態。

如果你的聲音不是天真者原型，以下這幾種情況，可以試著在聲音裡加入天真者的說話元素。

1. 思慮過多

發現自己思慮過多時，讓腦袋暫停一下，去逛逛街，看到不懂或好奇的東西，直接問店員，聽聽店員怎麼說，不要怕被店員笑自己土，一怕丟臉，好不容易跑出來的天真者原型特質，又縮回去了。

2. 情緒波動

當生活中發生了讓你情緒波動的事，可以用天真者原型的聲音來表達內心真實感覺。發生好事，可以大聲歡呼：「我買到張學友演唱會的票了，YA！」；有人批評你，可以試著這樣說：「原來你是這樣看我的，被你批評，我心裡很難受。」

3. 說出心裡感受（表白）

很多話，想太多反而就說不出來了，當你想要向某人表白的時候，天真者之聲滿好用的。我這裡說的表白，不是向心儀的對象告白，而是單純地對某人說出心裡的正向感受，或是表達欣賞、感謝之意。比方在餐廳裡用餐，服務員的服務態度很好，可以直接告訴他：「你的服務真好，謝謝你！」

4. 跟 5 歲以下的孩子說話

跟 5 歲以下的孩子相處時，請轉換心態，不要用大人高高在上的角度跟孩子說話，試著把自己倒空，讓孩子成為你的老師，聽聽孩子告訴你什麼。回應孩子時，盡量不要思考，也把自己當作孩子，直覺反應就好了。要特別注意，不是天真者原型的人，用裝萌的聲音跟小孩說話，反而會讓小孩覺得很奇怪，跟孩子對話時，用本嗓加上孩子能理解的話語就可以了。

 修練方法

想練習天真者原型的聲音，首先要把自己的內在狀態設定為天真者，想想以往看過的電影或戲劇，找出幾位跟自己性別、年齡差不多的天真者角色，選一位最喜歡的來模仿。很多戲劇裡的男主角、女主角，在初期還沒有進化到英雄原型的階段，都是天真者原型，「偽裝者」裡的明台、「那年花開越正圓」裡的沈星移都是。

至於技巧面，就不需要刻意學了，愈刻意學，離天真者的狀態愈遠。水要純淨，就是把雜質給過濾掉；聲音要像泉水般純淨，也是把心裡的雜質濾掉，不管經歷多少滄桑，都願意回到孩子般純真的狀態。

應用英雄之聲

熱血爆棚的即戰力

　　英雄原型的聲音，是公認最有力量的聲音。當我聽到學員們認為自己的聲音太萌、太軟、太柔、太輕、缺乏力量、不夠權威時，他們內心希望擁有的聲音，就是英雄之聲。

　　英雄之聲，就是自信的展現。說話沒自信是很多人的痛點，偏偏不管升學面試、求職面試、工作報告、商業簡報、業務洽談、銷售、服務、為自己或他人爭取權益……，說話有自信是溝通的基本門檻。

　　因此，我在線下課程「聲音表達基礎班」裡，第一堂演練課就是「自信之聲」，透過各種稿型的演練，教學員找出自己英雄特質的聲線，提升說話的自信、積極感和權威感。

　　很開心他們下課後，就開始運用在生活當中，有人從便利商店買咖啡開始練習（說明目標）、有人邀請心儀對象去看展覽（邀請）、有人向主管爭取權限、資源，同時訂出更高的工作目標（提議、承諾），讓主管刮目相看……，看到他們學習後即刻投入實作應用的各種回饋，我也從中得到力量。

　　如果你的聲音不是英雄原型，以下這幾種情況，可以試著模仿英雄的聲音來說話。注意了，你不需要擁有配音員的專業

變聲技巧，也不是要你變成另外一個人的聲音，而是在本嗓當中，融入英雄原型的聲音元素來玩聲音。

1. 達成目標

當你克服萬難、達成目標的時候，來一句「Yes！我做到了！」為自己慶祝一下。

2. 熱血沸騰

當生活中發生了讓你熱血沸騰的事，也可以用英雄原型的聲音，表達內心的慷慨激昂，像是：「明年公司讓我負責一個大型專案，我大展身手的機會來了！」

3. 意志消沉、茫然、害怕

當你意志消沉、感到茫然、害怕行動或是想偷懶的時候，刻意練習英雄原型的聲音和台詞，有助於你滿血復活。例如：「最差不過就是現在這樣，我就不信我做不起來！」

4. 工作場合

在工作崗位上，英雄原型積極、堅定、有擔當的聲音特質本來就吃香，聽在老闆的耳朵裡，就是感覺可靠。

（1）提議或邀請：在聲音裡加點動能，說出你的提議或

邀請。比方：「這個問題，我已經想到解決辦法，跟各位說明一下……。」

（2）在聲音裡加入堅定的感覺，說出你的承諾。像是：「這個案子交給我，我會負責跟各部門溝通，讓它如期完成。」

（3）說明目標：把氣維持住，用飽滿的聲音向團隊成員說明目標。舉例：「我們明年在物流體系的目標，是台灣24小時、全球72小時必達。」

（4）要求、命令或催促：說話要有禮貌、聲音要有力道。例如：「小陳，下一季行銷活動的企畫案，請在明天下班前寄到我的電子信箱。」

修練方法

修練聲音之前，內、外在需要先協調，也就是「內在狀態」與「外在技巧」要能同步。很多時候，聲音表情不到位，並不是外在那些噴口、收口、輕重音、曲折調等等技巧做不到，而是內在狀態故步自封。一位女強人如果內心沒辦法接受自己說話輕柔的模樣，別說她沒辦法模仿林志玲或秦嵐，就算模仿能力很好，聽起來也會很怪、很不舒服。

想練習英雄原型的聲音，首先要把內在狀態設定為英雄，想想看過的電影或戲劇，找出幾位跟自己性別、年齡差不多的

英雄角色，選一位最喜歡的來模仿。其次，才是技巧的練習。我針對英雄原型的聲音特質，提供 3 個可以練習的方法。

1. 定：眼神和聲音同步堅定

眼神和聲音的堅定要同步，不能眼神堅定但聲音飄移，或者反過來，聲音堅定但眼神飄移。英雄的這個「定」，就是練習和別人說話時，內外合一的安定、堅定。剛開始，可以盯著燭火或某個物品說話，人的眼睛平均 10 ～ 15 秒眨一次，找一句大約 15 秒的台詞背起來，這句台詞沒說完之前，眼睛盯著燭火或某個物品不要眨。

接下來，換盯著你家寵物或另一半練習說話。最後，再找同事或朋友練習。盯著別人眼睛說話，有一點要特別注意，就是眼神不能用力，眼神一用力就會僵硬。這個練習的重點，要做到眼神不飄、眼睛不用力，與此同時，聲音是堅定的。

2. 勢：勢如破竹的能量

英雄的聲音有一股蓄勢待發的狀態，這個聲音裡的「勢」，跟兩個東西有關，一個是肺活量，一個是說話時出氣量的控制。肺活量反映了一次呼吸時的最大通氣能力，肺活量愈大，說話時可以用來支撐話語的氣就愈多，練肺活量沒別的辦法，就是運動，特別是有氧運動。

至於說話時出氣量的控制，你可以回想一下媽媽河東獅吼罵人的時候，大的出氣量加上大的音量，就形成了一股勢如破竹的能量。平常說話比較溫柔的人，可以先練突發音，也就是說話的時候要有「瞬間的勁點」。

英雄原型聲音裡的勢，要先練放，再練收，也就是把突發音收起來，卻仍然保有那股無形的勢。想讓自己的聲音蘊含飽滿的氣勢，除了運動增加肺活量之外，平時說話可以多練練突發音，先練放，再練收，把那股氣壯山河的「氣」保留在身體裡，就算講話音量不大，也鎮得住場面。

3. 力：在關鍵字下重音

想要擁有英雄原型聲音的力道，剛剛講的肺活量和出氣量控制，一定要練。另外，有 3 個小技巧也必須掌握。第一個小技巧是「注意聲音投射的方向」，看著跟你說話的人，注意和他之間的距離，把聲音專注地丟到他身上。如果跟你說話的人在你右側，而你的頭轉向左側說話，力道自然會弱。

第二個小技巧是「出氣量要持續到句子的最後一個字」，也就是不要「吃字」。很多人呼吸不順、出氣量不夠，一句話講到最後一、兩個字就沒氣了，聲音微弱到幾乎只剩嘴型，怎麼會有力道呢？第三個小技巧是「適當地使用重音」，一句話不要平平地講完，在關鍵字下重音，聽起來會更有力量。

應用智者之聲

從容優雅的說服力

「遙映人間冰雪樣，暗香幽浮曲臨江，遍識天下英雄路，俯首江左有梅郎。」這是形容電視劇「琅琊榜」宗主梅長蘇的一首詩。在我讀到這首詩時，梅長蘇那儒雅睿智的形象，是不是又出現在你眼前了呢？

為什麼觀眾會這麼喜歡梅長蘇這個角色？除了中華文化本來就比較喜歡沉穩內斂的人，以及胡歌真的很帥之外，還因為我們把自己的智者原型投射在他身上了。

在這個知識爆炸、競爭激烈、瞬息萬變的世界，我們被逼得靜不下來，眼睜睜看著別人都在快速行動，自己怎麼能按兵不動？可是，怎麼愈動，心裡愈虛？看梅長蘇這樣深謀遠慮、氣定神閒，一切都在掌握之中，每一步棋都下得精準無比，最終達成目標，怎麼不令人心生嚮往？

有一句話是這麼說的：「靜，是力的最高效能。」拿理財來說好了，冷靜地做好資產配置、規劃好投資組合，長期下來，一定比短線進出獲利多。職涯發展亦然，有些人一開始踏入職場的時候，就已經規劃好方向，一路沿著自己的核心專長發展；有些人則是亂闖，累積了一些不同行業的經驗，始終沒

有厲害的核心專長，導致中年以後還是只能做低階的工作。要下好人生這盤棋，心一定要靜得下來，才能看清楚所有的選擇，避免衝動誤事，或者錯過好機會。

關於如何練就冷靜的功夫，已經有很多專業人士寫文章、出書分享，我就不再贅述。在這裡，我要分享的是如何從聲音的角度、從說話這個行為的調整，有意識的來提升冷靜、從容、優雅的智者氣質。

如果你有以下這幾種情況，可以試著在聲音裡加入智者原型的聲音元素：

1. 需要保密

說話很衝動，常常因為口不擇言而吃虧、受罪。比方你被指派到一個工作小組，這個工作小組正在進行一個新計畫的布局，在還不能對外公開的時候，有人跟你打聽細節，你不需要直接回答，可以用智者原型冷冷的聲音回問他：「你問這個做什麼？」或者，很有禮貌地告訴他：「目前都還不明朗，專案負責人會在合適的時間跟大家說明。」

2. 拒絕

個性太仗義，或是有當好人的強迫症，不好意思拒絕別人的請求，攬了一堆事在身上，最後因為做不來，搞砸了，反而

被人責怪。拒絕最忌諱「欲拒還迎」，請你學習用智者之聲的「慎」，慎重其事地說：「很抱歉，這件事我真的幫不上忙。」

3. 安撫

有人故意為難、挑釁，甚至侮辱，在服務業很常見，有些客人脾氣一上來，就咄咄逼人。請不要落入對方的情緒陷阱，跟著激動起來，也不需要低聲下氣、任憑辱罵，建議你用智者內斂、有禮貌的說話方式，在聲音裡加上一點溫度，幫助對方冷靜下來。可以試著這樣安撫客人：「請問可以給我一點時間弄清楚狀況，並且妥善解決您的困擾嗎？」

修練方法

戲劇裡有很多智者原型的角色，你可以選幾個自己比較欣賞的角色來模仿。為什麼要選自己欣賞的角色呢？因為當你了解那個角色、進入那個角色，才能觀察到他說話的細節，模仿得比較到位。至於聲音技巧上的練習，我針對智者原型的聲音特色，提供 3 個方法。

1. 冷：理智陳述、展現專業

練習把說話內容分為「對人」和「對事」兩種。對人，說

話還是要有溫度、要觀照到對方的情緒，不適合用智者冷冷的聲音；如果是對事，也就是單純說明事情、說明產品、說明提案內容的時候，就可以用智者理性、穩定、不帶感情的聲音來陳述，呈現出客觀、專業的感覺。

　　練習智者之聲，朗讀是個好方法。建議你蒐集一些說明事情的文章或是新聞稿來朗讀。朗讀時，用手機錄下來，同一篇文章，可以試著用冷、熱兩種聲音來錄，對照來聽，更容易掌握智者聲音裡的「冷」。

2. 斂：語速從容、語調平淡

　　要發出智者聲音裡那種很工整、內斂的感覺，有 5 個細節要練：

　　第一，不要有突發音，每個字的音量、力道要差不多；

　　第二，語速要從容，而且整段話前後一致，不能忽快忽慢、前慢後快或前快後慢；

　　第三，收口，每一句話的最後一個字都要把字音發清楚、發完整，再把聲音收回來；

　　第四，音調平淡，不需要有明顯的高低起伏和情緒張力。

　　最後，注意聲音投射的方向和距離。如果跟你說話的人，站在距離你一隻手臂遠的地方，說話的音量就要不大不小，剛剛好地投射到他可以清楚聽見的距離。

3. 慎：修掉贅詞、斷句精準

　　練習智者聲音裡的「慎」，則是有 4 個細節要處理。第一，發全音。咬字發音不能馬虎，每個字音都要發全，這是口齒清晰的基本功。

　　第二，修掉贅詞和瑣碎的語尾助詞。每次我聽到餐廳服務員說：「現在為您進行一個倒茶的動作」、「飲料的部分可以先上嗎？」我都會嘆一口氣，為您倒茶就為您倒茶，何必要加「進行一個什麼什麼的動作」，「飲料可以先上嗎？」7 個字可以問完的問題，硬要加「的部分」3 個字，聽了真是覺得快崩潰。智者在說明事情的時候，也不會有「啦」、「呀」、「啊」、「囉」這些瑣碎的語尾助詞，說明事情的時候真的不用裝可愛、裝溫柔，或害怕氣氛太嚴肅。

　　第三，斷句要斷得精準。斷句要剛好斷在標點符號上，讓聽的人很清楚知道句子與句子之間的斷開處，容易理解上下

愈講究愈吃香

修練智者之聲有很多小細節，看完之後，你是不是快要暈過去了？智者原型說話就是這麼講究，一開口就有專業感，所以在職場上才特別吃香。

文。這個細節除了可以透過朗讀練習之外，平常說話也要練習掌握節奏，不要急，一句一句好好說，對上台說話也會很有幫助。

第四，句尾要留殘韻。說話不是霹靂啪啦把話講完就算了，在每段話結束時不要直接把聲音切掉，要懂得留點殘韻。蔣勳老師的說話方式就帶有殘韻，不論授課、主持廣播節目、接受專訪或錄製有聲書，他總是不疾不徐地娓娓道來，每個句子講完會稍微停一下，讓學生、聽眾有消化的時間，條理分明但不會咄咄逼人，這樣的智者之聲，非常有美感。

應用丑角之聲

全然開放的活力

講丑角的聲音之前，我想先問兩個問題：「你是一個快樂的人嗎？」、「你，過得快樂嗎？」

愛爾蘭詩人奧斯卡·王爾德（Oscar Wilde）說：「快樂，是唯一值得活的事。」然而，每個人認為的快樂不一樣，有人吃一支冰淇淋就能快樂，有人認為要有自己的房產才快樂，有人堅持做自己認為有意義的事，就算犧牲生命也快樂。

你的快樂是什麼呢？丑角這個原型，連結的就是快樂的意象。丑角原型的人，並不是內在強大、百毒不侵，永遠不會碰到倒楣事，總是能嘻嘻哈哈、輕鬆過日子的人種。丑角原型的人，跟其他原型一樣，也會經歷挫折、失落、悲傷和困難等各種狀況。

那他們為什麼能過得如此放鬆、快樂呢？我想，這是一種選擇。一件當下看起來是不好的事情發生了，丑角原型的人，會選擇用正面、幽默的角度去看待，而這背後，有一個非常重要的信念，叫作「一切都是最好的安排」，只是當下還看不出來。這樣的信念，會給人彈性和韌性，所以能「行到水窮處，坐看雲起時」。

太緊繃的人，容易生病；太焦慮的人，看不到其他好機會。面對人生各種暴擊，我們體內的丑角原型像「還魂丹」一樣珍貴，如果你的丑角原型已經發展得很好，我要說聲恭喜你！如果你的丑角原型還在被封印狀態，現在是打開封印的最佳時機。

每個人每天都很公平地擁有 24 小時，你想讓自己擁有幾個小時的快樂呢？列一張你自己的快樂清單，沒有限制地腦力激盪，把能讓你感到快樂的事寫下來，逐漸增加每天的快樂比例，當你感到快樂時，要發出丑角原型那樣靈活、有彈性、有張力的聲音，就不是難事了。

生活裡有哪些情境，可以在聲音裡加入丑角原型的聲音元素說話呢？

1. 開心的場合

跟玩伴、同窗、閨蜜、好哥兒們相聚時，大家相熟、氣氛熱絡，聊得開心，人也放鬆了，把形象、氣質放一邊，管你要自黑還是坑隊友，談笑之間，讓聲音自然地流動。

2. 暖場

正式的會議適合用王者、智者或英雄原型的聲音來開場；非正式的會議、活動，用丑角原型的聲音來暖場最有效，立刻

就能讓現場氣氛熱絡起來。

3. 化解尷尬

　　生活中難免有些意料之外的尷尬場面，用丑角原型以「四兩撥千金」的方式帶過，一方面展現個人修養，一方面巧妙避掉衝突。

　　東德有位空軍將領叫烏戴特，他中年掉髮，頭頂全禿。在一次宴會上，服務員上酒時，不小心把酒灑到他頭上，現場一陣尷尬，賓客們心想這位服務員完蛋了，得罪了這麼一位大長官。沒想到烏戴特微笑著從座位上站起來，拍拍服務員的肩膀說：「兄弟，你以為這種療法會有用嗎？」迎來哄堂大笑，也讓服務員鬆了一口氣。

4. 輕鬆打臉

　　碰到沒禮貌的人，直接撕破臉可能導致難以收拾的後果，改用幽默套路來打臉也不錯。據說有個肥胖的富翁看到瘦小的英國劇作家蕭伯納，傲慢地當著蕭伯納的面說：「一見到你，就知道世界上還有人挨餓。」蕭伯納沒有翻臉，只是點點頭輕鬆地回應：「一見到你，就知道他們挨餓的原因。」丑角之聲愈是輕鬆，打臉的力道愈大，而且對方還不能生氣，其實還滿好用的。

修練方法

綜藝節目裡的搞笑藝人不少，要找模仿的對象不難，難在你要拋開矜持，「敢」模仿。只要你敢，模仿丑角的說話方式很紓壓。丑角原型的聲音特色是活、樂、張，在技巧面，我提供一些方法給你練習。

1 活：用顫音增加靈活感

丑角的聲音收放自如，很靈活。靈活的前提是放鬆，不要給自己任何限制。我帶你來練一個最基本的「顫音」，練習讓聲音抖動，聽起來就有靈活的感覺。

以「大家好」這句話為例，四平八穩的「大家好」沒有娛樂效果，但是只要每個字抖幾下「大～～～家～～～好～～～～」，活蹦亂跳的感覺就出來了。

練會了顫音，也就是讓字音抖動，可以再加入音階的變化。字與字之間的音階變化愈多，搞笑的感覺愈重。你也可以一起來玩韋小寶的千古名句：「對皇上的景仰，有如滔滔江水綿綿不絕，又有如黃河氾濫，一發不可收拾啊！」

2. 樂：練習看到美好

聲音裡要有快樂的成分，裝，是裝不來的。所以丑角聲音

裡的「樂」，沒有技巧可以練，我唯一的建議是「練習看到美好」，只要你有本事在任何事裡面看到美好的部分，快樂就會成為習慣，當然，說話的聲音也會跟著變化，不信？你試個半年就知道了。

3. 張：增加聲音彈性

丑角聲音裡的「張」，要練的是聲音的彈性。彈性指的是什麼呢？是聲音高低、大小、快慢、輕重的極限。你的說話聲音，音階最高可以到什麼程度不破音？整句話的最大音量，可以大到幾分貝？在保持咬字清晰的狀態下，10秒鐘最快可以講幾個字？

丑角的聲音不只有輕鬆的場合可以使用，當你被歹徒逼到牆角，只剩下聲音可以贏得救機會時，你有沒有能力突破理智線，歇斯底里大喊一聲：「救命啊！」

聽完丑角之聲的修練方法，你是否發現輕鬆、快樂的聲音，也是大有學問呢？玩聲音就是這麼有趣！

應用情人之聲

臣服幸福的柔軟力

　　在談如何修練情人原型的聲音之前，我想先問你一個問題：「你有說話溫柔的經驗嗎？在什麼情境下，說話會變得比較溫柔？」坦白說，說話溫不溫柔，不是聲音技巧面的問題，而是想法和心態的問題，在我 20 年的教學經驗裡，碰過不少性格強勢的女性朋友，她們報名聲音培訓課程的目的，就是想讓自己說話變得溫柔一點。

　　我很納悶，為什麼一個想要變溫柔的人，說起話來卻是像在帶兵打仗呢？行為無法改變，一定是心裡有什麼地方卡住了，我得抽絲剝繭，往心理層面去探。首先，我會關注她在成長過程中，有沒有被別人（特別是長期照顧她的人）溫柔對待過的經驗？這個問題很重要，因為一個人被溫柔對待過的經驗愈多，愈容易喚起她對溫柔的記憶與感受。

　　其次，她為什麼想要變溫柔？是另一半不能接受她強勢的作風？還是孩子會怕她、不願意親近她？抑或是同事覺得跟她相處壓力太大，刻意跟她保持距離，她在公司雖然能呼風喚雨，孤單寂寞的感覺老是揮之不去？

　　我發現這些強人型的學員，大大地誤會了一件事：她們認

為把每件事控制得滴水不漏、打點得萬無一失，就是愛的表現。關鍵就在這個「控制」，想控制每一個人、每一件事的慾望，就是焦慮的來源，愈焦慮就愈想控制，整個人像繃緊的一條橡皮筋，沒有彈性，隨便一個無常降臨，橡皮筋就斷、人就垮了。

於是，在學溫柔說話前，我要她們先學「臣服」，臣服於一切自己不能控制的事、臣服於自己所愛的一切。《紐約時報》暢銷作家茱迪斯・歐洛芙（Judith Orloff MD）說：「臣服不是軟弱，而是讓自己體驗順應生命流動的喜悅。」、「臣服不是委屈求全，而是收回錯用的抵抗，找回自在生活的力量。」

一個懂得臣服的人，不管外在環境發生什麼事，內心比較容易保持在平靜、放鬆、柔軟的狀態，也比較容易感受到幸福，不必刻意學太多聲音控制技巧，說話自然能夠溫柔。這樣的溫柔，並不是消極無力的柔弱，相反，是內心強大的表現。

回到我在最開始問的那個問題：「你在什麼情境下，說話會變得比較溫柔？」我觀察到的現象還滿極端的，一種是對外人說話溫柔，對家裡人，話卻是怎麼難聽怎麼說；另一種是對自己心愛的人百依百順，對愛人以外的人，說話像變了個人似的，不假辭色。

世紀奧美公關公司創辦人丁菱娟的觀點我很喜歡，她說：

「說話犀利固然厲害，但是留點溫暖更迷人」。你不必對每個人都用情人之聲來說話，但慢慢擴大自己情人之聲的應用範圍，卻是一個會讓你愈來愈幸福的練習。

為自己列一張情人之聲的練習名單吧！列出你願意好好說話、溫柔說話的人，今天就開始對著他們練習，不必刻意裝溫柔，那樣太噁心了。對他們說話時，只要比以往柔軟一點就夠了。每個星期，為這份名單加上幾個新名字，在日常生活裡持續進行這個情人之聲的練習，一定會有意想不到的收穫。

事情、事情，我們的文化向來談「事」多，談「情」少。爸爸、媽媽老是問小孩考試考幾分，卻很少問小孩快樂不快樂。這種文化，可以從我們這一代開始改變。談事的時候可以犀利、嚴肅，但是對「人」，談感情最重要。不管是親情、友情、愛情，即使是一句：「你最近好嗎？」、「我很想你」、「有你真好」，只要肯好好地說、溫柔地說，你就已經身處在幸福裡了。

修練方法

修練情人之聲，願意臣服、願意談感覺、感情，是心態面的標配。如果要在技巧面提供一些練習方法，我想針對「柔」這個最大的特點來分享。聲音要柔軟，前提是說話時要願意釋

放感情。講話時不願意讓內在的感情流動，聲音一定硬邦邦、
沒有溫度。情人之聲的柔，有 3 個很重要的聲音元素：氣音、
語速慢、殘韻。

1. 氣音：給人溫柔、親切感

說話時加入較多的氣音，能給人感性、溫柔、親切的感
覺；反之則是理性、嚴謹，甚至驕傲。中國南方人說話時的氣
音，比北方老鄉要多一些，吳儂軟語也因此得到不少好評。

2. 語速慢：提高接受度

根據調查，大部分人對說話速度稍慢者接受度比較高，有
高達 70% 的人不喜歡別人講話太快。通常，我們愈喜歡一個

用聲音帶來幸福

《只願你曾被這世界溫柔相待》作者水木丁說：
「謝謝你曾經這樣溫柔地對待這個世界。在這樣的
世界裡可以用自己溫柔的方式生存下去的人，是了
不起的人。」願溫柔說話的力量，為你帶來幸福，
也為世界創造更多幸福。

人，講話就愈有耐心，反過來說，如果你願意釋放多一點耐心，有話慢慢說，對方就會覺得你重視他、喜歡他，這招也是我在做服務業培訓時，教給服務人員的必殺技。

以上說的氣音加上語速慢，連結起來的感覺就像杜甫〈春夜喜雨〉這首詩裡描寫的「潤物細無聲」。春天的夜裡，下起了綿綿細雨，雨水落在屋頂上、樹梢上、草地上……，雖然輕柔，卻讓乾涸的大地重新得到滋潤，這，也是情人之聲無可取代的魅力。

3. 殘韻

智者、王者說話也都有殘韻，情人原型的殘韻，聽起來像是情歌唱到尾聲，聲音不是驟然停止，而是尾音漸漸變弱的那種感覺。在每段話結束時，用殘韻這個技巧，將善意留在對方身上，對方會覺得你很重視他的感受，會比較願意卸下心防，讓溝通更加順暢。

應用照顧者之聲

溫暖慈悲的療癒力

　　最近幾年，文具、禮品市場「療癒系」商品賣得非常好。商家的敏感度真高，體察到現代人因為工作忙碌壓力大，加上人際關係疏離，想找人說說話排遣壓力或得到陪伴的需求，不一定能隨時滿足，怎麼辦呢？隨身帶個一看心情就好的小東西，或是睡覺時抱個造型像男友胸膛、臂膀的「男朋友抱枕」，感覺就會好得多。

　　除此之外，歌壇上也有不少療癒系歌手，像辛曉琪、梁靜茹、郁可唯、陳奕迅、楊宗緯……，他們感性的歌聲，不知陪伴、療癒了多少孤單、碎裂的心。可能有些長輩們會覺得很奇怪，現在的孩子過得比他們從前都好，怎麼反而容易心塞、需要心靈療癒？面對人生各種暴擊，玻璃心這麼容易碎，怎麼過日子？

　　我觀察到的是，生活壓力每一個世代都有，就算沒有經濟壓力，也有來自家族控制、童年創傷、人際關係，甚至人生自我實現等等不同類型的心理壓力。關鍵在於以前的人習慣壓抑心裡的傷痛，應付生活都來不及了，哪還有時間傷春悲秋？問題是這些傷痛不會因為壓抑而消失，反倒是壓抑久了，心也變

硬了；心變硬了，人就麻木了，人們卻把這樣的麻木，誤認為堅強。

我岳母在生命晚期，曾特別提過小時候被她父親用藤條打的傷痛，但她始終不敢對自己的父親講這件事，這個傷痛直到她離世，都沒有機會被療癒。我一直以為岳母是個堅強的女人，沒想到她如此在意童年時被父親打，肉體上的傷，早就好了；心靈上的傷，卻讓她疼痛了幾十年。

這樣的遺憾和不捨，讓我想到了照顧者原型的使命：以一種無條件的關愛態度，達到照顧、療癒，以及幫助對方學習、成長的目的，使對方感覺到愛和支持，而不是被評價、被否定、被傷害。

惻隱之心，人皆有之。透過修練高層次照顧者原型的聲音，帶著愛來說話，給正在受苦的人、需要引導的人一些溫暖的能量，用聲音來擁抱他們，是一件美好而且非常值得努力的事。

這幾年心理學成為顯學，人們比較願意把內在的傷痛分享出來，才發現需要好好被疼愛、被療癒的人很多，每個人身邊不乏需要使用照顧者之聲來說話的家人、朋友、學生、病患、受難者及他們的家屬。

照顧者之聲未必要老氣橫秋，重點是要暖心，以下幾種情境使用起來最有力量。

1. 安慰

安慰要有方法，不管是語句的挑選，還是聲音的搭配。維吉尼亞聯邦大學復健諮商碩士，專研悲傷、失去與失能心理諮商的芙爾・沃克（Val Walker）在她《安慰的藝術》這本書中提醒：「剛經歷創傷或失去的人，會不想聽到或接受那些出自好意的指導或智慧之言。只要聆聽並真誠回應對方的說法，就是很大的安慰。」

與其用行禮如儀的聲音說：很遺憾、請節哀、保重之類的社交辭令，不如用溫暖的聲線告訴對方：「如果你願意說，我很願意聽」、「我就在這裡，我會陪著你」、「要面對（處理）這件事需要時間，我會為你禱告（或抄經）」。

2. 陪伴

陪伴不是一直叨叨絮絮跟對方說話，或是忍不住想為對方做點什麼的躁動。陪伴就是單純陪在對方身邊，讓對方知道他並不孤單，只在對方有需要的時候才出聲、出手。

正在寫這個段落的時候，一位學員傳來以下訊息：「老師好，要跟老師表達最真摯的謝意！我媽媽星期六急性腦出血（輕度中風），但是意識清楚，她一直很急躁，血壓降不下來，謝謝老師提點，幫我找到療癒聲線的作用和方法，我用了那個聲線幫媽媽寧靜下來。現在病情穩定，在慢慢復原當中，

感恩老師幫我找到我的療癒聲源，沒想到在這種情況下用到，真的療癒了媽媽的不安。」很感謝他的回饋，我想這就是療癒之聲用在陪伴的最好示範。

3. 勸導

「我都跟他講了啊，可是對方就是講不聽」這是很多人在溝通上會遇到的困擾。這個困擾的根源在於沒有人喜歡被控制，而勸告、勸導就是一種控制的手段，如果對方沒有配合的必要或動機，講不聽是正常的。

不過身為家長、監護人、老師、主管、好朋友，勸導孩子、學生、下屬、好友，是難免的義務，除了要先觀察對方的原型、選擇適合的溝通策略、劇本之外，搭配不帶指責、貶損、價值判斷的療癒之聲，效果會比苦口婆心的「跳針式勸說」好很多。

4. 指導

每個人都有值得分享、傳授給別人的強項，也會遇到教別人、指導別人的情境。當對方聽不懂、學不會、做不到的時候，身為老師（教練）的我們很容易失去耐心，常常脫口而出：「你怎麼連這個都不會？」、「你很笨耶！走開，我自己做比較快」、「我教了這麼久，你怎麼還不懂呢？」殊不知這些話

搭配嫌棄的語氣，聽起來就像一把又一把利刃，直接插進對方心裡。

很多時候，不是對方不想學，而是用錯方法教，或者是讓對方在學習過程缺乏安全感、成就感，導致教學成效不彰。很多人在指導別人的時候，習慣使用冷冰冰的智慧之聲，但其實溫暖的療癒之聲對多數學生更有幫助，因為學生只有在老師面前有犯錯的權利，如果老師太嚴厲，讓學生不敢犯錯，很可能直接澆熄學生的學習動機，失去變得更好的機會。

修練方法

想修練高層次的照顧者之聲，在心態面有 3 件事要特別注意：第一，不要控制；第二，不要控制；第三，還是不要控制。

你可以等待、守護、陪伴，就是千萬不要控制。如果對方願意說，你就專心聽他說；對方不願意說，也不要逼他，讓他知道你是那個願意傾聽的人就好。如果對方向你求救，可以在能力範圍內幫他，做不到的不要勉強；如果明知對方需要幫忙，而他卻沒有向你開口，只要讓他知道需要幫忙時可以找你，可別強迫人家非得欠你一個人情不可。

至於技巧面的練習，照顧者之聲裡的「慈」，慈愛的慈，這個特色，我來詳細說明一下：慈，是不帶取與貪等汙染成分

的愛。討價還價、爭辯對錯時的聲音絕對不會慈祥，照顧者聲音裡的慈，來自於理解與接受，理解每個人都有難處、接受人性的陰暗面，不作任何否定與價值判斷。

在聲音的表現上，這個「慈」，包含了以下 3 個很重要的聲音元素。

1. 底氣：帶來信心、能量

情人原型和照顧者原型，都是屬於比較感性的原型。兩者在聲音表現上最大的差別，就是情人說話不需要底氣，但照顧者說話要有底氣。底氣有兩個解釋，一個是說話時，腹部用力，力氣往上經過胸腔，把聲帶振動所產生的聲音從嘴巴裡推出去的狀態；一個是說話時有充足的信心和能量。

「說話有底氣」和「說話用力」是兩回事，說話有底氣，是氣息在身體裡得到足夠的蓄積，以及順暢地輸送，讓聲音加了沉穩、厚實效果；而說話用力，則是指說話者習慣使用重音，是一種過度用力的現象。慣用重音的人，通常控制慾比較強，說話時呼吸急促，聲音像蓋房子打樁一樣「ㄅㄨㄤ、ㄅㄨㄤ、ㄅㄨㄤ」，能量比較容易消耗，跟說話有底氣剛好是相反的效果。

照顧者的聲音，因為有底氣，聽起來有一種持盈保泰的厚實感，但高層次的照顧者並沒有用聲音壓制別人的意圖，不會

用力說話，你會發現他們很少使用重音和突發音。

關於照顧者聲音裡的底氣，我想請你聽聽看保護國際基金會「大自然在說話：大自然母親」公益影片中文版裡面蔣雯麗老師的聲音（參考示範音檔編號034）。

034～036

2. 氣音、語速慢：循序漸進引導

慈的第二個聲音元素「氣音＋語速慢」，聽起來就充滿療癒感，加上前面說的底氣，就形成了循循善誘的感覺。注意了，循循善誘的意思是循序漸進，慢慢引導對方覺察自己的狀態、學習新的觀念和知識，而不是用各種方式強迫對方接受教導，也不是嘮嘮叨叨，用聲音轟炸對方。

關於這一點，保護國際基金會「大自然在說話：海洋」公益影片中文版姜文老師的聲音，就是很棒的示範（參考示範音檔編號035）。

034～036

3. 音階低：易撫慰人心

說話時，用高音階會顯得事不關己，用中音階則太像一般社交對話或例行公事，想要表達感同身受、慈悲的感覺時，請使用低音階說話。說話聲音低沉，透露出飽經世事的內斂穩重感，另外，低音階也是心靈對話的聲音，當一個人在心靈平

靜、精神生活滿足的狀態時，說話聲音會自然偏低。

我想請你聽聽保護國際基金會「大自然在說話：雨林」公益影片中文版裡面葛優老師的聲音（參考示範音檔編號 036）。

034～036

蔣勳老師有一段話，我特別喜歡。他說：「有時候我們聽到一個人的聲音覺得好美 —— 不論是當面說話或講電話，或者自己的心情有一點低潮沮喪時，你聽到他的聲音就感覺得到很大的安慰，因為那個聲音本身從容不迫、不慌不忙；他可以利用身體發生的這個氣流，讓你感覺到一種安定，一種穩重。」祝福你，也能擁有如此療癒人心的聲音，給人安定、撫慰、力量。

應用王者之聲

高貴大器的領導力

在職場上奮鬥，很多人會花功夫打點自己的視覺形象，但會注意到自己聽覺形象的人，相對比較少。聲音，是影響一個人聽覺形象的最重要元素，特別是第一印象。美國杜克大學和加州大學聖地亞哥分校（UCSD）管理學院的教授們，在 2016 年發表了一個關於男性企業高階經理人的聲音研究。

他們研究 792 名上市公司執行長的聲音頻率，並針對各種大眾認為的成功指標，像是薪水、公司規模、任職期間等條件分析，得出一個讓人印象深刻的結論：「低沉的嗓音，是男性領導人具備的特質之一。」這些專業經理人不只聲音低沉，說話時的用字也很精簡，直接講重點，讓下屬聽起來有可靠、堅定、充滿自信的感覺，此外，他們的聲音還帶有指揮性。

那麼，女性領導人呢？從美國一家專門從事溝通分析的顧問公司，針對女性執行長所進行的聲音研究來看，讓女性領導人脫穎而出的聲音特質，不是低沉，而是「說話時聲音強弱的變化」。研究人員表示，女性領導人充滿能量的聲音能給人真誠的感覺，讓人願意信任。

不管領導的人數有多少，領導人都是王者。王者的聲音，

除了必須給人信任感，最好帶有貴氣，聽起來厚實、圓潤、有底蘊。管理上，一開口說話的聲音就讓人心悅誠服，宣布政策、交辦事情或溝通協調等各方面都比較吃香、有影響力。

王者之聲用在領導統御，是非常有力量的，以下幾種說話情境，使用王者原型的聲音，會讓你更有魅力。

1. 公開演說

在公開場合對很多人說幾句話，或進行一場正式的演說，是領導人躲不掉的功課。如果有一天，你要對來自全球各地1800多位的各界政商名流演講，你的聲音有足夠的威儀嗎？

2. 交辦事情、發號施令

領導人的聲音不能太軟，否則部屬會不當一回事，要講好幾次，部屬才會真正聽進去；領導人的聲音也不能太硬，太犀利的聲音，部屬聽了害怕，得不了民心，容易陽奉陰違。王者之聲，軟硬適中，聽起來威嚴卻不無情，交辦事情能量很足。電視劇「那年花開月正元」飾演周瑩的孫儷，在完全當家後，聲音裡的英雄特質逐漸變少，取而代之的就是王者特質。

3. 表揚

老闆表揚員工、長官表揚部屬、老師表揚學生、長輩表揚

晚輩……，王者之聲從容大度，特別有力道。

 ## 修練方法

想要有王者之聲，首先還是內在狀態的修練。看書、看戲、看人間百態，或者多接近王者原型的人……，感受王者原型的一舉一動、理解王者原型的思維模式，是很重要的學習。技巧面，我循著王者之聲的特點，提供一些方法給你練習。

1.貴：有聲有韻顯貴氣

相書上說「禽無聲，獸無音」。鳥類，有音無聲，聲音沒有力道；野獸，有聲無音，聲音沒有美感。人類得天獨厚，聲和音都有，有些人聲多於音，有些人是音多於聲，而王者之聲

聲音是由內而外的修行

修練王者之聲優化說話習慣，並不是要刻意樹立一種高高在上的權威感，而是把聲音當作是修行，時刻從說話聲音裡感應到自己內在的變化，隨時反省、調整，而說話聲音就是修行的成果。

是聲與音平衡，而且是飽滿的平衡。《麻衣相法》裡頭說了：「有聲無韻俗骨骼，有韻有聲貴人胎。」王者之聲裡的貴氣，就是來自於說話「有聲有韻」。

　　說話的聲音要有聲有韻，有一個技巧可以練——上韻。沒有上韻的說話聲音，是乾的、扁的，像枯枝一樣，上韻就是為聲音加入「立體環繞音效」，運用呼吸和共鳴技巧讓躺平的文字，因為聲音上了「韻」而變得立體，聽起來更加圓潤、大器，更加有正式感。有人形容這種聲音聽起來「很貴」，沒錯！如果你的聲音讓人覺得高貴，擁有王者之聲便指日可待。

2. 潤：保持聲帶濕潤

　　聲音要保持溫潤、圓暢，有著像「玉」一般的質感，最重要的就是多喝水，讓聲帶、口腔保持濕潤。另外，說話是一種消耗能量的事，優秀的領導者非必要時絕不說話，要懂得用緘默涵養自身的能量，而不是逢人就喋喋不休、滔滔不絕。

3. 蘊：放慢呼吸展現優雅

　　蘊，蘊藏的蘊。這個不算技巧，我倒認為是一個很好的說話習慣。培養王者的說話習慣，就是慢慢呼吸、深沉地呼吸，必須說話時，就優雅地讓聲音隨著呼吸，均勻送出每一個字句，好好地說每一句話。

3 分鐘重點學習

　　修練不同原型的聲音，可以擁有不同能量，能在不同情境下給我們幫助：

- **天真者**：把內在狀態設定為天真者，從電影或戲劇找出跟自己性別、年齡差不多的天真者角色模仿，但技巧不需要刻意學，愈刻意、愈不像。

- **英雄**：說話時眼神和聲音要同步堅定，盯著別人眼睛說話；練習突發音，讓說話產生瞬間勁點。在關鍵字下重音，聽起來會更有力量。

- **智者**：用理性、不帶感情的聲音陳述事情，會呈現客觀、專業的感覺。語速從容、語調平淡，修掉贅詞，斷句精準，都是智者原型說話引人之處。

- **丑角**：拋開矜持，模仿丑角的說話方式很紓壓。用顫音增加靈活感，練習看到生活的美好。修練輕鬆、快樂的聲音是一件有趣的事。

- **情人**：情人之聲的柔，有 3 個很重要的聲音元素：氣音、語速慢、殘韻。說話時願意釋放感情，聲音自然就有溫度。

- **照顧者**：照顧者之聲未必要老氣橫秋，重點是要暖心。說話有底氣，用氣音、放慢語速，以及使用低音階講話，都能帶來安定、撫慰感。

- **王者**：王者之聲用在領導統御，非常有力量。練習方式：聲音要圓潤、大器；多喝水保持聲帶濕潤、説話時讓聲音隨呼吸均勻送出。

用魅力人聲
創造精采人生

讓聲音變得更有魅力，

難免需要套路跟招數，

然而，這些都只是過程。

聲音練到最後，

真誠地說出有力量的話是最高境界。

在與人溝通時，聲音的重要性、影響力遠遠超出我們的認知與想像。有些人的聲音，讓人一聽就覺得悅耳、舒心，很願意多聊兩句；有些人的聲音則相反，讓人一聽就想斷線。大部分人的聲音正好卡在中間，不特別好聽，但也不至於難聽，這也正是大部分人缺乏聲音魅力的原因。

學習讓自己的聲音更有特色與魅力、建立自己的「聲音品牌」，提升自我聲音的能聽度、耐聽度，對所有需要開口說話的場合、情境，都有幫助。在書的最後，我有幾件事要特別提出來說明。

讓聲音從「堪用」變「好用」

每一種不同聲音，都有它的能量。聲音的能量藏在發聲器官裡面，如果不說話、不去使用它，就不會產生力量。能夠用聲音表情達意，是上天與父母的恩賜，請不要閒置它，也不要浪費它，學習用更好的方式使用它。

「有嗓無韻不生動，有聲無情是賣弄」，想要聲音生動，不能只是「做一個發出聲音的動作」，而是必須更進一步學習呼吸、發聲、共鳴、咬字、音調、上韻等技巧，幫助自己表達更細緻的情感；有了精湛的聲音表達技巧，如果說話不帶感情，那就是賣弄，不但不會感動人心，還有可能被討厭。

聲音教育就是情感教育，聲音不是學來賣弄的，而是學來

表達感情的。表達感情要學習的範圍太廣,我認為從聲音原型切入,是很好的起點。現在,你已經知道 9 大原型各有不同的個性、聲音特質,也知道這些聲音特質搭配什麼台詞效果會最好,接下來,就是開始試著用在生活中。

說話前,認真過濾自己的心意,不管是善意、惡意或是無意,都是選擇。請記得,每一次開口說話前,對於說話內容、聲音表達的方式,都有百分之百的選擇權。

說話時,認真地對著人說話(與對方同在),透過適當的聲音來表達心意、感情,做到問心無愧即可。此外,還可以多一個心思,從對方的行為、聲音特質觀察對方的原型,採取對方比較能接受的方式溝通,在不知不覺間提升自己的影響力和說服力,你會慢慢有事半功倍的感覺,相信不久後,你對「聽聲辨人」會很有心得。

聽聲音特質了解他人性格

性格特質和聲音特質有沒有可能不一樣?我的答案是:可能性很低。一個人的性格特質在聲音裡藏不住,除非這個人的配音功力已經爐火純青,而且故意不用本嗓來說話。對於不是從事聲音工作的人來說,聲音是裝不來的。

我想請你練習去聽一個人聲音裡的核心元素,而不是表象的音質(音色)。如果有一個女生音質雖然細細的,但是個性

很嗆，聲音裡有著堅定（定）、霸氣（勢）和強硬的力道（力），那麼她會比較偏英雄原型。

判斷別人的原型時，有一個心法叫「徐審為先」。不要只聽幾句話就給人家貼標籤，寧願慢一點下結論，多蒐集一些對方說話的資訊，包括聲音裡的核心元素、說話內容（台詞）、行為模式……，再來分析判斷也不遲。這樣可以避免誤判而踩到對方的溝通地雷，請一定要記得。

人聲複雜卻精采

生活中有很多不同的人、不同的情境要應對，全部都用單一原型來說話的人其實很少，大部分的人都是以 2 種或 3 種原型為主。據我觀察，很多主管是「英雄＋照顧者」，既要帶兵打仗，也要照顧團隊成員；而大老闆們很多是「英雄＋智者」，既能開疆闢土，又能運籌帷幄。

人很複雜，人聲也是。剛開始練習聽、練習聲音表達的時候，可以從單一原型入手，再慢慢體會複合原型所融合出來的感覺，你就會知道人聲的千變萬化有多精采。

以人為本的溝通智慧

在本書「9 大原型聲音的力量」這個章節，拿掉 9 大原型的框架，總共提到 25 個聲音元素，其實就是 25 種聲音力量，

可以看狀況任意組合、使用。而在「如何與不同特質的人溝通」這個章節，打破 9 大原型的框架，其實就是人際溝通技巧的教戰守則，有了這些溝通技巧，就算不知道對方是什麼原型，也不會犯低級錯誤。

9 大原型的框架是一個好的系統，能幫助我們觀察、分類，但希望你不要被這個框架給綁住，跟人說話時滿腦子都在想對方是什麼原型、要如何跟他溝通……，這樣很容易走火入魔，失去學習 9 大原型的意義。

得魚忘筌，當你看完這本書，回到與人溝通、對話的場景時，請把專注力放在對方身上，用聲音跟對方做情感交流，即便只是單純地向對方說明事情，也能透過聲音傳達關心、體諒、祝福等等的正向情感，只要能做到「以人為本」以對方為主體，尊重對方的不同，謀求共好之道，這本書就算功德圓滿了。

美國加州大學博士希格諾萊羅（Rosario Signorello）說：「在聲音變得更有魅力的問題上，沒有包治百病的妙方。在不同文化背景下，你總能找到讓自己聲音更抓人的招術。」

讓聲音變得更有魅力，難免需要套路跟招數，然而，這些都只是過程。聲音練到最後，還是會走向「重劍無鋒，大巧不工」的境界。這個境界，就是真誠。

國家圖書館出版品預行編目（CIP）資料

周震宇的聲音魅力學：聽懂弦外之音、用對
聲音裡的 9 種力量／周震宇著 . -- 第一版 .
-- 臺北市：遠見天下文化 , 2020.04
面； 公分 . --（工作生活；BWL080）
ISBN 978-986-479-978-7（平裝）

1. 說話藝術 2. 溝通技巧 3. 人際關係

192.32 109004609

工作生活 BWL080

周震宇的聲音魅力學
聽懂弦外之音、用對聲音裡的 9 種力量

作者 —— 周震宇

總編輯 —— 吳佩穎
責任編輯 —— 黃安妮、李文瑜
封面設計 —— 可樂果兒
內頁插畫 —— 戚心偉
內頁排版 —— 張靜怡

出版者 —— 遠見天下文化出版股份有限公司
創辦人 —— 高希均、王力行
遠見・天下文化 事業群榮譽董事長 —— 高希均
遠見・天下文化 事業群董事長 —— 王力行
天下文化社長 —— 林天來
國際事務開發部兼版權中心總監 —— 潘欣
法律顧問 —— 理律法律事務所陳長文律師
著作權顧問 —— 魏啟翔律師
社址 —— 臺北市 104 松江路 93 巷 1 號
讀者服務專線 —— 02-2662-0012 | 傳真 —— 02-2662-0007；02-2662-0009
電子郵件信箱 —— cwpc@cwgv.com.tw
直接郵撥帳號 —— 1326703-6 號　遠見天下文化出版股份有限公司

製版廠 —— 中原造像股份有限公司
印刷廠 —— 中原造像股份有限公司
裝訂廠 —— 中原造像股份有限公司
登記證 —— 局版台業字第 2517 號
總經銷 —— 大和書報圖書股份有限公司　電話／ (02) 8990-2588
出版日期 —— 2020 年 4 月 30 日第一版第 1 次印行
　　　　　　2023 年 7 月 11 日第一版第 6 次印行

定價 —— NT 420 元
ISBN —— 978-986-479-978-7
書號 —— BWL080
天下文化官網 —— bookzone.cwgv.com.tw